Franz Xaver Kroetz
STÜCKE I

Franz Xaver Kroetz, 1946 in München geboren, ist Autor von fast siebzig Bühnenstücken, von Hörspielen, Drehbüchern, kleinen Prosastücken und Gedichten. Darüber hinaus ist er Schauspieler und Theaterregisseur. Einem breiten Publikum bekannt wurde er in der Rolle des Klatschreporters »Baby Schimmerlos« in der TV-Serie *Kir Royal*. Außerdem war er in der Hauptrolle des Kinofilms *Die Geschichte vom Brandner Kaspar* an der Seite von Michael »Bully« Herbig zu sehen. Er wurde vielfach ausgezeichnet, zuletzt mit dem Marieluise-Fleißer-Preis 2007 für sein Lebenswerk. Die gesammelten Stücke von Franz Xaver Kroetz sind bei Rotbuch veröffentlicht.

Franz Xaver Kroetz

MARIA MAGDALENA

**DER SOLDAT
OBERÖSTERREICH
WUNSCHKONZERT**

STÜCKE I

Mit einem Nachwort von Michael Töteberg

Rotbuch Verlag

Die Rechtschreibung in den hier abgedruckten Stücken
folgt der 7. Auflage (2006).

ISBN 978-3-86789-056-4

Neuausgabe, 1. Auflage
© für die Buchausgabe:
2009 by Rotbuch Verlag, Berlin
Aufführungsrechte: Kroetz-Dramatik, München
Umschlaggestaltung: Nadja Meier
Umschlagabbildung: picture-alliance/akg-images
Druck und Bindung: CPI Moravia Books GmbH

Ein Verlagsverzeichnis schicken wir Ihnen gern:
Rotbuch Verlag GmbH
Neue Grünstraße 18
10179 Berlin
Tel. 01805/30 99 99

(0,14 Euro/Min. aus dem deutschen Festnetz,
abweichende Preise für Mobilfunkteilnehmer)

www.rotbuch.de

MARIA MAGDALENA

Komödie in drei Akten frei nach Friedrich Hebbel

Personen

PAPA
MAMA
MARIE
KARL
LEO
PETER
HUBER
INSPEKTOR
POLIZEI

Die Sprache ist Umgangsdeutsch mit Süddeutsch.

Erster Akt

1. Hochzeit

MARIE Ganz modern.
MAMA *(Lächelt)*
Steht es mir?
MARIE Das tät mir auch passn.
MAMA Mir ghört es.
MARIE Ein bißl kürzer gmacht und es paßt.
»Omas Kleider der letzte Modeschrei«
wie man weiß.
MAMA Wo ich deine Mutter bin.
MARIE Das macht doch nix.
Todschick.
MAMA Das war schon zehnmal in und aus der Mode.
(Lächelt)
Alles schon dagewesn!
MARIE Schenkst es mir?
MAMA Das laßt du stehn, mein Hochzeitskleid.
Das zieh ich zu meiner Beerdigung an.
MARIE Und bis dorthin leihst es mir!
MAMA Da laßt du die Finger davon.
Das zieh ich in den Sarg an.
Mein letzter Wunsch, der muß dir heilig sein.
Daß du mir ja nicht was anderes anziehn laßt,
wenn ich tot bin
und mich nimmer wehrn kann.
MARIE Wenn ich einmal tot bin, könnens mich
von mir aus in Blue-jeans in Sarg legn.
Das is mir wurscht, wie ich ausschau,
wo man nicht gesehn werden kann.
MAMA Dir vielleicht, weilst keine Pietät hast.
Mir nicht.
Ich weiß,
was ich mir schuldig bin!
(Schüttelt den Kopf)
Nich zu glauben, was einem alles wegnehmen wollen.
Die Kinder und neidisch sind.

(Pause.)
Das Kleid is meine schönste Erinnerung,
und die
darf niemand in die Finger kriegen
außer mir.
(Räumt das Kleid weg)
Ja. Das könnts mir anziehn,
wenn ich einmal nimmer bin,
weil ich hinüber muß in das Reich der Schatten.
(Nickt)
Wer weiß,
was einen da erwartet,
und wie schnell kann es gehn!
MARIE Sei ned sentimental!
MAMA Sentimental, wenn man vom Tod redt!
(Nickt.)
MARIE Kindisch.
MAMA Da frag ich dich dann,
   wenns einmal so weit is,
   obst du das kindisch findst,
   das Sterbn.
   Wenn wir uns nachher begrüßn im Jenseits!
MARIE *(lacht.)*
MAMA Einmal zieht man es mir über den steifn Kopf.
   Das is so sicher wie das Amen im Gebet.
MARIE Vielleicht.
MAMA Ich seh es vor mir.
MARIE Wennst so weitermachst, stirbst an der Einbildung
   von dir.
MAMA Wo ich so krank war.
MARIE Die Hälfte Einbildung.
MAMA Das wirst du wissn.
   Wo ich 8 Wochn im Kranknhaus war!
MARIE Aber Krebs war es keiner.
MAMA Weils im Herzn kein Krebs gibt.
MARIE Ebn.
MAMA Was verstehst denn du von der Gsundheit,
   wo dir nix fehlt.
   Tot is tot, ob Herz ob Krebs.
   (Pause.)
   Man denkt zu wenig an seinen Tod.

Alles wird dunkel, und die Lichter gehen aus.
MARIE Wo hastn das glesn?
MAMA Du hast keinen Respekt vorm Tod,
geschweige vor mir.
Nicht einmal die Kinder
sind einem mehr ein Trost,
wenn es so weit is.
(Pause.)
Wo es nix im Lebn gibt
von mir,
was der Reue würdig wäre.
Mir sind katholisch und ham getan was mir können.
Was will man mehr?
Mit dem bißl, was dein Papa heimgebracht hat,
hat man ein Schuhgeschäft entwickelt.
(Pause.)
Genau.
Obwohl mir eine vierköpfige Familie sind
und dein Bruder nix taugt
und alle immer satt wollen sein.
Was will man mehr?
Immer für die Armen ein offenes Herz gehabt!
Erst gestern fünf Mark
für die Kriegsgräberfürsorge.
Wo niemand gefallen is von uns im Krieg.
Das soll erst einmal jemand nachmachen
Dann redn mir weiter.
Caritas,
Müttergenesungswerk,
SOS-Kinderdörfer,
Armeemuseum in Münchn!
Brot für die Welt und
Tierschutzverein.
Was du willst.
Mir ham das unsere beigetragen.
Wenn alle soviel gebn hättn wie mir,
es gäbe gar kein Elend auf der Welt.
Da bin ich sicher.
(Pause.)
Eine Angst, die zuvor kommt, scheint unvermeidbar.
Vor der letzten Stunde.

Man krümmt sich wie ein Wurm!
Ich weiß es.
Alles nochmal anfangen wollen
und die Augen tief hinunterschlagen
vor dem lieben Gott.
Wenn gar nix mehr was nutzt.
(Pause.)
Ich hab eine solche Angst vor dem Sterbn,
daß ich es niemand sagn kann.

MARIE Reg dich nicht auf und denk
an dein Herz.

MAMA Ich sitz wieder fest im Sattl.
Ein paar Gedanken muß schon erlaubt sein.
Ich war krank und man lernt sich kennen.
Vielleicht tät ich auch schon tot daliegn,
wenn der liebe Gott sich nicht gedacht hätt:
Mir wolln ihr noch eine Chance gebn.
Sie soll umkehrn
und in sich gehn.

MARIE Glaubst,
der liebe Gott
hat nix anderes zum tun?
Der soll sich lieber um die Kinder
in Indien
kümmern.

MAMA Das kann er ja trotzdem tun.
Zuerst muß er sich um die Katholischen kümmern.
Das wird wohl unser gutes Recht sein,
wo mir so viel für ihn getan ham.

MARIE *(lacht.)*

MAMA Für die Gedanken deiner Mama hast du kein Herz.
Sei froh, daß man was denkt!
Andere Kinder ham ganz andere Eltern.
(Pause.)
Ich werd noch einen Sprung in die Kirchn tun.
Das hab ich glernt, seit ich krank war.
Am Scheideweg!

MARIE Ich glaub nicht an Gott.

MAMA Du bist jung.
Das is es.

2. Verlorener Sohn

KARL *(schön und schön angezogen)*
Grüß Gott die beiden Hübschen.
Hätt ich einen Stich
bei meiner Schwester,
wenn ich nicht der Bruder sein tät?
MARIE Du Sau.
MAMA Wenn ich sowas vor meiner Mutter gsagt hätt.
KARL Meine Mama is meine Mama,
und deine Mama
is deine Mama.
MARIE Ein goldenes Armbandl hat der Mensch.
Wo hastn des schon wieder her.
KARL Hast du keins?
MARIE Ich bin eine Frau.
MAMA Ebn.
KARL Schönheit is grenzenlos.
MARIE Und wo hast es her?
KARL Wo hast es her.
Gstohln, was sonst.
MAMA Sowas malt man nicht an die Wand.
KARL Wer Überstundn macht wie ich ihm Lebn,
der kann sich auch was leistn.
MAMA Zahl die Schuldn, diest überall hast.
KARL Nur wer kein Geld hat, hat auch keine Schuldn.
MAMA Depp.
KARL Genau. Kannst mir was leihn? Bis übermorgen.
MAMA *(antwortet nicht.)*
KARL Sind zum Herz jetzt auch die Ohren gekommen?
MAMA Nix. Keinen Pfennig leih ich dir.
Das hab ich mir schon denkt,
wenn der Herr Sohn seine Aufwartung macht,
will er was.
Ich hab nix.
KARL Kein Haushaltsgeld mehr fürn ganzn Monat?
Und was wird dann gessn?
MAMA Haushaltsgeld hab ich immer.
KARL Ebn.
MAMA Nein.
KARL Eßts einmal eine Wochn Erdäpfeln und Milch.

Das gibt rote Wangen und einen rundn Hintern.
Und 50 Mark sind locker für mich.
MAMA Keinen Pfennig.
KARL Dann muß ebn ein Bruch sein.
Und wer is schuld,
wenn
der eigene Sohn
im Zuchthaus landet?
Du.
(Pause.)
Leihst mir einen Fuchzger oder ned?
MAMA Nein.
KARL Warum bin ich dann noch da?
Wo ich eh keine Zeit hab.
MAMA Erzähl mir was Schönes.
KARL Es geht mir gut.
MAMA Mir nicht.
Ich hab Sorgen.
KARL Weil du unbefriedigt bist.
Laß dir das von einem erfahrenen Frauenkenner sagen.
Gib mir 50 Mark, und du fühlst dich wohl.
MAMA Kein ernstes Wort kann man redn mit dir.
Kommst,
regst einen auf
und bist wieder weg.
Da soll man dich noch gern habn.
KARL Ich hab den Firmenwagen unten.
Bin noch im Dienst.
Heute abend is ein kleines Fest,
und die Bank hat zu,
Vergessn.
MAMA Was für ein Fest?
KARL Einer hat ein Haus
mitten im Wald.
Ein sogenanntes Jagdhaus
von seinem Vater.
Da wird ein Fest gefeiert
mit Freunden.
Ich bin einer davon.
MARIE Ein Waldfest.
KARL Genau. Klein aber fein.

MAMA Und mit wem gehst du hin?
KARL Allein. Selbst is der Mann.
MAMA Du bist ein Schlingel.
KARL Man muß auf alles vorbereitet sein.
MAMA Und das is mein Sohn.
KARL Leihst sie mir, die 50 Mark.
MAMA Fang nicht wieder an.
  Der Papa schimpft mich,
  wenn ich es dir leih,
  und am Monatsende hab ich nix,
  weil du es nicht zurückgibst.
  20.
KARL 20 is wie in die Hand gschissn.
  50.
MAMA Bis übermorgn, sagst.
KARL Und wie. Ich muß nur auf die Bank.
MAMA Das sagst du immer.
  Aber wenn er
  eingeladen is auf ein Waldfest,
  kann er nicht
  mit leeren Händen kommen.
  Da.
  (Gibt ihm einen 50-Mark-Schein.)
KARL Ohne dich Mama!
  (Er gibt ihr einen Kuß.)
MAMA Als Dank bleibst jetzt zum Essn.
  Der Papa freut sich.
KARL Zeit is Geld.
  Ich schau morgn vorbei,
  wenn es geht.
MAMA Komm morgen.
  Und erzähl, wie es war.
  Das hat man schon verdient.
KARL Genau.
  Also.
  Die Firma dankt.
  Wiedersehn!
MAMA Paß auf auf dich
  und stell nix an.
KARL Eh ned, wo ich ein Geld hab.
  Sonst hätt ich den Opferstock

ausgeraubt.
Verzweiflung!
MAMA Von mir müßt eine Mark drin sein, von gestern.
KARL Na also!
Pfiat enk!
(Ab.)
MARIE Hau ab.
MAMA Wiedersehn.
Bis morgen.

3. Was sich gehört

MAMA Is das ein Anstand?
Herumrennen.
Zufällig hereinschaun.
Geld ausleihn und wieder verschwindn.
Das hätt' ich einmal bei meine Eltern machn solln!
MARIE Er is selbständig.
Ich geh auch bald.
MAMA Nix wie Sorgn hat man mit euch.
Weil man sich Kinder anschaffn hat müssn!
Den Karl ham mir viel zu gern ghabt
mit seine Lockn.
(Lacht)
Er war ein anerkannt schönes Kind.
MARIE Genau.
MAMA Bei seinem Kinderwagn sind die Leut stehngeblieben,
ham hineingeschaut und gsagt:
So ein schönes Mäderl!
Bei dir,
wost eh ein Mädl warst,
is es selbstverständlich.
MARIE Der Karl is verwöhnt wordn.
Ich weiß es eh.
Ich nicht.
MAMA So ein Schmarrn.
Zu gut war man zu euch beide.
Das is es.
Der Karl war ein richtiger Guttifresser.

So ein Guttifresser!
MARIE Ich hab lieber Marzipan ghabt.
MAMA Genau.
Und mir ham euch gebn,
das war der Fehler.
Man war zu gut.
Es macht mir Sorgen.
Der Karl hat nicht das richtige Verhältnis
zu mir
als seiner Mutter.
Wie ich todkrank war wohlgemerkt,
im Krankenhaus auf Einzelzimmer!
Todeskammerl hams gsagt!
hat er nie geweint
beim Besuch.
Ich hab aufgepaßt.
MARIE Todeskammerl, so ein Schmarrn.
1. Klass und sonst nix.
MAMA Doch.
Das laß ich mir von niemand nehmen.
Alles wird einem mißgönnt in diesem Haus!
MARIE Er hat die Tränen eben unterdrückt als Mann.
MAMA Ausredn.
Mir hätt es eine Freud gemacht.
Die Tränen.
Der Papa hat auch geweint.
Und dein Leo hat mir Blumen gebracht.
Mein Karl nicht.
Wo is der Leo?
Ich hab ihn lang nicht mehr gesehn seit Wochen.
MARIE Weg.
(Pause.)
MAMA Eine Kleinstadt is eine
Kleinstadt und keine Großstadt.
(Pause.)
Da muß man aufpassn, daß man ned
ins Fettnäpfchen tritt!
(Pause.)
Habts gestrittn?
MARIE Nein.
MAMA Der Leo wär schon recht.

Bloß sein müßert er was, das is es.
Früher war ein Bankangestellter ein angesehener Mensch, heute muß er mindestens Inspektor sein.

MARIE Wo er die Inspektorenanwärterprüfung macht.

MAMA Wenn sie bestanden is: gut!
(Pause.)
Wo du die Tochter von einem Schuhgeschäft bist!

MARIE Schusterei.

MAMA Du laßt dir ebn nix sagn, das is es.
Die Frage is, ob der Leo das Zeug dazu hat, daß er eine Karriere macht.
(Pause.)
Technischer Fortschritt is heute die Zukunft!
Ingenieur oder Atomphysiker!

MARIE Da muß man studiern.

MAMA Dann studiert man ebn.
Jetzt geh ich in die Kirchn, bevor es dunkel is und Nachtmahlzeit.
Soll ich für dich betn?

MARIE Danke gleichfalls.

MAMA Frechs Luder!
Der Leo geht mir nicht aus dem Kopf.
Bet ich dafür, daß er Inspektor wird!

MARIE Die Schuster gehn auch ein.

MAMA Nicht, wenn man den Sprung ins Schuhgeschäft geschafft hat!

MARIE *(schweigt.)*

MAMA Doch.
Und du mußt noch weiter kommen.
Ein kleiner Bankangestellter is auf die Dauer sehr wenig!
Auch ein Inspektor is nicht viel, wenn man bedenkt, daß es Direktoren gibt.
Mehr noch!

MARIE Alles kann der Mensch nicht erreichn!

MAMA Oberinspektor is schon hoffnungsvoll!
Das war gestern, heute und morgen!
Erst die Versorgung, dann das Vergnügen, also der Anstand.
Wiedersehn!
(Ab.)

4. Madonna allein

MARIE Wiedersehn und schöne Grüße an den heiligen Geist.
(Schaut aus dem Fenster)
Da rennt sie hin.
Dreimal hab ich es schon geträumt,
daß sie tot is!
Die Mama.
Komisch, wo man nix gegn sie hat, sondern liebt?!
(Sie holt das Hochzeitskleid hervor.)
Das tät mir wirklich passen!
Weg mit die Schleier. Ein tolles Kleid!
(Sie schaut sich damit im Spiegel an.)
Lieber Gott,
mach daß das Kind ein Abgang wird.
Sei vernünftig lieber Gott,
bitte!
Wenn du eine Macht hast,
dann mach,
daß es weggeht,
bevor man es merkt!
Das is eine Kleinigkeit,
wenn man etwas davon versteht.
(Pause.)
Mir lebn ja nicht in Münchn!
Wo es selbstverständlich is.
Daß man ein ledigs Kind hat.
Hier in Augsburg herrschn andere Gesetze!
(Pause.)
(Sie zieht das Kleid wieder aus.)
Ich sag es dir im Gutn.
Sonst bring ich mich um.
Dann hast es!
Scheiß Lieber Gott,
einen Doktor brauch ich.
Oder so was Ähnliches.
(Pause.)
Mach, daß es ein Abgang is.
Lieber Gott!
Dann glaub ich wieder an dich,
das schwör ich dir.

Aber zuerst mußt zeign, was du kannst.
Mit dem blödn Gred von der Mama wird man selber ganz dumm.

5. Prinz Leo

LEO Darf man eintreten.
MARIE Warum denn ned. Servus.
LEO Servus.
MARIE Is das ein Kleid für mich oder ned?
LEO Ein Hochzeitskleid.
MARIE Von der Mama.
LEO Schön.
 (*Pause.*)
 Eine Begrüßung is das, wo man suchn muß.
MARIE Nein.
LEO Wennst es willst, dann geht man wieder.
 Wünsche nicht gestört zum habn.
MARIE Wie du willst.
LEO Die schaut.
 Wie die schaut.
 Wennst du immer so ausgschaut hättst
 wie jetz,
 hätt ich dich überhaupts nie bemerkt.
MARIE Wen interessiert das?
LEO Wo man dir einen Antrag gemacht hat.
 Das is der Dank.
 Für die Liebe.
MARIE Du machst alles falsch, das is es.
 Weilst kein Gefühl hast.
LEO Aber eine Liebe.
 Das muß langen.
MARIE Wenn man nicht anspruchsvoll is.
LEO Ich bin anspruchsvoll,
 das muß mir der Feind lassn.
MARIE Meinst.
LEO Ja.
 (*Pause.*)
MARIE Und weil man nicht gleich mit fliegenden Fahnen

ja schreit,
bist beleidigt.
LEO Ned wahr is.
MARIE Freilich, ich bin doch ned dumm.
LEO Man hat seine Verpflichtungen.
Außerdem war es ein Antrag wie jeder andere.
Kein Grund zur Aufregung.
MARIE Es is eine Frage der Zeit,
das Lebn.
Das is wissenschaftlich.
Und das verlang ich.
LEO Auf einmal.
Weil etwas war zwischen meinem Freund und dir.
Dazu war das Konzert
des Symphonieorchesters des Bayrischen Rundfunks
unter Raffael Kubelik
und der anschließende Barbesuch,
der nicht billig war,
nicht da.
Münchenbesuche sind ein Vergnügen.
MARIE Fantasie.
LEO Da muß man schon etwas klarstellen,
wenn es total die Aussicht verstellt.
Ich bin ein Mensch wie jeder andere.
Nichts weiter.
Das muß man bedenken und sich entscheiden.
Die Freiheit liegt mir nicht auf die Dauer.
MARIE Bürgerlich bist.
LEO Das is keine Schande.
Wenn meine Eltern es noch erlebt hättn,
daß es jetz passiern wird,
daß ich mit der Inspektorenanwärterprüfung
in den höheren Dienst übernommen werde!
Sie würden sich zunicken und sagen:
Das is unser Sohn.
Ich hab viel Elend gesehn in meiner Jugend,
wie man so sagt.
Dir war mehr vergönnt.
Ich schätze meine Entwicklung sehr hoch ein,
das kann ich jederzeit gestehn.
Und meine sogenannte Verlobte schaut mich an

und niemanden anderen.
Ich will auch mein kleines Glück,
neben meiner Karriere in die Zukunft.
MARIE Ich kann anschaun, wen ich mag.
Und dann is es nicht bloß dein Freund,
der Peter Hutschinger,
sondern auch ein früherer Bekannter von mir.
LEO Mein Freund is er überhaupt nicht.
MARIE Ebn.
LEO Er ist mir unsympathisch,
weil ich ihn ned mag.
Ich geb es zu und zieh den Freund
zurück.
Das war nur Tarnung.
MARIE Was ein Blinder merkt.
LEO Es war etwas Unsauberes zwischen euch,
das hat man genau erkennen können.
MARIE Schmarrn!
LEO Man hat so seine Gedanken, und eh man schaut,
fallt einem alles zusammen, was man aufbaut.
Ein gebranntes Kind scheut das Feuer.
MARIE Eifersucht is auch eine Sucht!
LEO Ausredn, sonst nix.
Der Mensch is nicht frei.
Obwohl es vorkommt. Ich tu nix dazu,
daß ich nicht weiß,
wie ich mich richtig darstellen soll.
Sogar mir selbst gegenüber kann es sein,
daß ich nicht weiß,
wie ich mir entgegentreten soll.
Wenn ich keinen Fleiß um jeden Preis entwickle,
ist die Hypo-Bank keine Zukunft.
Man muß nachgeben und sich zurückstellen.
MARIE Aber ich bin eine Frau.
Was hab ich denn sonst.
LEO Mich.
MARIE *(nickt.)*
LEO Mir geht es auch nicht anders.
Kaum macht man ein Fenster auf,
weil man glaubt, man sitzt fest im Sattl,
kommt Unerwünschtes.

Ganz rot bist wordn, wie ich dir den Peter
pro forma vorgestellt hab.
Und verändert.
Das is doch erstaunlich.
MARIE Weil er gleich auf mein Wimmerl gschaut hat.
LEO Eine Warze is es, und ich hab auch drauf gschaut,
wie wir uns kennengelernt habn.
Aber da bist nicht rot geworden.
MARIE Dann hab ich zufällig in dem Augenblick,
wo du auf mein Wimmerl geschaut hast,
woanders hingeschaut.
Schicksal.
LEO Die Warze, auch wenn sie sehr klein is,
ist vollkommen unübersehbar.
MARIE Danke.
LEO So war es nicht gemeint.
MARIE Was gehn andere Leut meine Wimmerl an.
Aber wenn jemand hinschaut, mein ich,
jetzt wachst sie.
LEO Das ist Unsinn.
Einbildung, sonst nix.
MARIE Ja.
(Pause.)
LEO Und in diese totale Verwirrung hinein
macht man einen Antrag.
Das ist doch vernünftig.
MARIE Und man denkt nach.
Wie ich zum Beispiel.
LEO Warum die Umständ?
Du kommst mir nicht aus.
Das ist doch auf der Hand.
MARIE *(lacht.)*
LEO Is doch anständig, wie ich vorgeh.
MARIE Ich hab mir alles ebn immer anders vorgestellt.
Das is es.
LEO Lange Worte sind doch bei uns geschmacklos.
Ich meine die Gesamtsituation.
Wenn es jetzt auseinandergeht,
is doch der Verlust nur auf deiner Seitn,
ich hab alles gehabt,
was sich ein Mann denkn kann.

MARIE Daß du immer alles in den Dreck ziehen mußt.
LEO Wenn es so ist,
  denn versehentlich.
MARIE Ebn, in Wirklichkeit bist du ganz anders.
LEO Aber ein Schutz muß sein vor den Gefühlen,
  sonst is man menschlich,
  und das is schlecht,
  wenn man noch nicht in sicherer Entfernung is.
MARIE Ja.
LEO Mir verstehn uns doch eh ganz gut.
  (Greift sie an)
  Schau, plötzlich geht man zum Wesentlichen über,
  und es is alles eins.
MARIE Immer die Sexualität muß herhalten,
  wenn dir nix mehr einfällt
  und sich andere Leut die wahren Genüsse
  hingeben.
LEO Welche?
MARIE Glaubst, daß dem Richard Burton nix anderes
  eingefallen is,
  wie er um die Liz Taylor angehalten hat?
LEO Schauspieler!
MARIE Aber einen Stil haben sie,
  der über das Gewöhnliche hinausführt.
  Das is das Tolle daran.
  Glaubst,
  wennst du von der Bank kommst,
  mit die Finger geldschwarz,
  und langst mir unter den Rock,
  daß das eine Frau überzeugen kann?
LEO Ich wasch mir die Händ noch vor dem Verlassen der Bank.
  Und an der Kasse bin ich überhaupt nicht,
  wie du weißt.
MARIE Bildlich gesprochen.
LEO Bildlich macht man immer alles falsch.
MARIE Weilst keine Fantasie hast.
LEO *(greift sie an.)*
MARIE Hat nie etwas Vernünftiges im Sinn, dieser Mensch.
  Bloß die Liebe.
LEO Wenn meine Worte nicht mehr überzeugen,

greif ich zu den Waffen.
Die Liebe macht vergeßlich,
das is der Vorteil.
Man is ein Arsch, wenn man noch nicht Inspektor is.
Amtmann is noch besser.
Bei dir finde ich meine Selbstachtung wieder.
(Pause.)
Ich sehe meine Gedanken durch deinen Kopf wandern.
Das beruhigt.
(Pause.)
Heute mach ich den Antrag bei deinem Papa fix.
MARIE Meine Chansn sind noch ganz ungenutzt.
LEO Du hast mich.
(Pause.)
Bist in meiner Hand fertig.
Ohne meine Liebe stehst du doch sehr einsam
in der Welt.
Objektiv.
MARIE Wo du hinten und vorn nix bist, wie die Mama sagt.
LEO Man kann bloß einen Fuß vor den andern tun,
wenn man nichts Außergewöhnliches vollbringen will.
Ich bin mit mir zufrieden.
Das muß auch für dich genügen.
Im Herbst die Inspektorenanwärterprüfung.
Dann geht alles automatisch.
Ich ende
als Filialstellendirektor.
MARIE Ja. Das is es,
ja.

6. Prüfung

PAPA Der Herr Leo gibt uns die Ehre, Grüß Gott.
LEO Grüß Gott, das nennt man eine Freude.
Ich rede hier mit Ihrer Tochter.
PAPA Ja ja, die Marie, das is ein Sorgenkind.
Machst deinem Vater und dem Herrn Leo
einen Kaffee?
MARIE Genau.
(Ab.)

PAPA Und wie geht es sonst?
LEO Die Nachfrage dankt.
Im Herbst mache ich die Inspektorenanwärterprüfung.
PAPA Respekt dem Herrn Inspektor.
LEO Anwärter vorderhand.
PAPA Man muß klein anfangen können.
LEO Ebn.
Ihr Schuhgeschäft hat auch seine Entwicklung
hinter sich.
PAPA Schuster bin ich nicht mehr.
Aber das meiste ist die Fantasie von meiner Frau.
Wie Frauen sind.
(Beide lachen.)
Ich will mich nicht mit fremden Federn schmücken.
Ich bin Schuster.
Sonst nix.
Ich denk nicht nach.
Da fall ich nicht herein auf den Trick.
Handwerk hat goldenen Boden sonst nix.
(Pause.)
In der Schuhfabrik kann ich jederzeit im Akkord
anfangen.
Salamander nimmt auch Ältere.
LEO Is die Lage so bedrohlich?
PAPA Es is zu klein, das Geschäft.
Der Kunde übersieht es.
Kunststück.
Wir kaufn auch beim Hertie ein.
(Zündet sich seine Zigarre an.)
LEO Alle haben die gleichen Sorgen.
Der Einzelhandel.
Ich weiß es von der Bank.
PAPA Sie haben den Überblick.
Ich aber seh im Frühjahr bloß wie Äste grün werden,
da denk ich: es wird bald blühn wollen,
und wenn es blüht, dann kann es später Früchte tragen.
Das ist die Reihenfolge!
Einfach ist die Natur,
die Wirtschaft nicht.
Ich sehe ein, daß man nichts ändern kann, und füge mich.
Techniker müßte man sein.

Das hat Anziehungskraft.
LEO Nicht die Banken vergessen.
PAPA Ja.
(Pause.)
LEO Man rät seinen Kunden, sich frühzeitig zu verändern.
Was klein ist, stirbt.
Was groß ist, wächst.
Heißt das Gesetz der Stunde.
PAPA Stunde?
LEO Die Zeit hat andere Längen heute.
Denken Sie an die Zinsgeschäfte.
PAPA Ja, ja.
LEO Sie sind nicht mit der Zeit gegangen.
Das rächt sich jetzt.
Die Automatik!
PAPA Nachher kann ein jeder gscheit daherredn!
Da kann man sich nix kaufn dafür.
Diese Jugend mit ihrer Intelligenz gegen das Alter.
LEO Ich wollte Ihnen nicht nahe treten.
Der Rat war sozusagen geschäftlich.
PAPA Was wissn denn Sie von meinem Geschäft?
Gar nix!
Wie bei meinem Herrn Sohn.
Immer wolln die Eier gscheiter sein wie die Henn.
Lächerlich.
LEO Entschuldigen Sie.
PAPA Warum?
Ich red von meinem Herrn Sohn.
Sie kennen ihn?
LEO Vom Weißen Roß. Beim Skat.
PAPA Ja, Skatspieln, das kann er.
Das muß ihm der Neid lassn.
Aber sonst?
Was kann ich lernen von ihm, daß er
Schuldn macht, und hurt und sauft und
Vertreter is?
Danke.
Er is weiter wie sein Vater.
Aber er hat es nicht weiter gebracht.
Nehmen Sie unser Geschäft.
Wie könntn mir dastehn? Gemeinsam?

Ganz anders, das is sicher.
Aber nein.
Vertreter is der Herr und faul.
Das is die Wirklichkeit, Herr Inspektorenanwärter!
Franz Josef Strauß hat recht mit dem,
was er immer sagt!
Er wär mein Mann und mehr
muß man nicht sagen.
Jugend!
Sehen Sie sich um!
LEO Man muß die Augen offen halten!
Genau.
Die Gartenbaufirma Söhnlein und Co. macht Konkurs.
Das ist ein Bankgeheimnis und bloß für Sie bestimmt.
PAPA Und?
LEO Es wird ein Dutzend Gläubiger geben.
PAPA Ihr Vertrauen ehrt mich, aber von mir aus hundert!
(Pause.)
LEO Hat Söhnlein und Co. ein Darlehen von Ihnen oder nicht?
PAPA Das Bankgeheimnis ist sehr offen, scheint es.
LEO Nur hier. Die Marie und ich
heiraten.
PAPA So.
LEO Ich bitte Sie um die Hand Ihrer Tochter Marie.
PAPA Ich hab bloß eine.
LEO Es ist alles im Sinn der zukünftigen Familie.
Konkurs der Gartenbaufirma Söhnlein und Co.
Sie verstehen.
Es wäre denkbar, denke ich mir,
daß das Geld, das Sie vor Jahren,
über unsere Bank abgewickelt,
der Firma Söhnlein und Co. geliehen haben,
acht Prozent verzinslich,
das Geld ist, das die Marie als Mitgift erwarten kann.
Unter anderem.
Wenn man mit ihr spricht, ist man unsicher,
und Ihr Geschäft ist von Nöten geplagt.
Ich finde, man sollte keine Zeit verlieren.
Die Konkursmasse ist nicht unerfreulich.
Aber schnell muß man sein.

PAPA So lauft der Has!
(Pause.)
Mir werdn schon noch was anderes findn für sie.
LEO (schaut.)
PAPA Was schauns mich denn so an?
LEO Ich schau gar nicht.
Aber ich frage, ob es erlaubt is,
dem Herrn Schwiegervater einen Wink zum gebn,
für den andere sich alle zehn Finger abschleckn tätn.
Oder ham Sie keinen Familiensinn?
PAPA Noch gibt es ned einmal eine offizielle Verlobung.
LEO Lassns das nur meine Sorge sein.
Soviel wie.
Kümmern Sie sich lieber um das Geld.
Noch sind die Zahlungen nicht eingestellt!
PAPA Ich laß meine Tochter schon ned
mit einem einzign Hemd auf dem Arsch aus dem Haus gehn.
Allerdings das Geld, das Sie meinen,
wird man ihr nicht mitgeben können!
Das is verloren. Leider.
LEO Wie bitte?
PAPA Das is schwer zum erklären.
Eigentlich bin ich das Kind armer Eltern.
Mein Vater is gestorbn, da war ich noch ein kleiner Bub.
Und meine Mutter hat uns mit Heimarbeit durchgebracht.
Ein Schwesterl von mir is auch früh gestorben.
Schon in den Windeln.
Verstehen Sie das?
(Pause.)
Ebn.
Da bin ich
in die Lehre gekommen.
Und der Lehrherr in der Lehre,
das war ein guter Mensch.
Ohne den hätte ich nie und nimmer
eine abgeschlossene Berufsausbildung
und damit auch kein Schuhgeschäft.
(Pause.)
Ja, und vor ein paar Jahren hab ich ihn besucht.
Was soll ich viel sagen?

Der alte Mann erzählt mir,
daß er Selbstmord begehn muß,
weil er pleite is.
Da hab ich das Darlehen bei Söhnlein und Co.
zurückverlangt und bekommen –
LEO Daß ich das nicht weiß!?
PAPA Das wird Ihr Bankgeheimnis bleiben.
Söhnlein, wie Sie vielleicht wissen,
das ist ein Kriegskamerad der 1. Stunde.
Ein Kamerad ist den andern wert.
Nationalsozialismus und so weiter.
Es war eine schwere Zeit nach dem Krieg
für ihn.
Für mich zufällig nicht.
Man hilft sich, wo man kann.
Ich konnte.
Als mein alter Lehrherr vor dem Selbstmord stand,
hatte er Verständnis,
das Darlehen kam zurück.
Zehntausend halfen meinem Lehrherrn weiter,
das andere ging ins Geschäft.
Das ist 7 Jahre her.
LEO Was ins Geschäft kam, ist demnach heute futsch.
Und die 10tausend!
PAPA Was und? Nix und!
Hättn Sie es ihm vielleicht nicht geliehen,
wenn er doch sagt,
daß er sonst Selbstmord begehen muß?
LEO Ohne Familie vielleicht.
PAPA Und mit zehn Kindern auch.
Der war wie ein zweiter Vater von mir.
Und weil er wie ein zweiter Vater war,
hab ich auch keinen Schuldschein verlangen können.
Vor zwei Jahren ist er gestorben und mit ihm mein Geld.
Der arme Mann.
LEO Und?
PAPA Der Mensch macht mich verrückt mit seinem »und«.
Er hat eh fast nix mehr gehabt.
Aber immerhin!
Ohne Schuldschein kann man nix beweisn!
(Pause.)

Die Erbn ham geerbt.
Ich nicht.
LEO Das Geld –
PAPA *(schreit)* – is weg!
LEO Mein Geld!
PAPA Was?
LEO Was geben Sie der Marie dann als Mitgift?
PAPA Aber ich bin doch nur ein Schuster.
LEO Mit einem Schuhgeschäft!
PAPA Ein kleines!
Ein unnormal kleines!
LEO Aber über 20tausend deutsche Mark haben Sie gehabt!
PAPA Erbschaft von meiner Frau.
LEO Das is mir doch wurscht.
Und davon haben Sie ein ruiniertes Schuhgeschäft
am Leben erhalten
und den Rest –
ich glaube Ihnen kein Wort.
PAPA Schicksal.
Sie können es ruhig glauben.
Weg is weg!
LEO Warum regt man sich auf.
Genau.
Weg.
Basta.
(Pause.)
Das ist aber ein Unterschied,
ob man eine Marie mit 10tausend
oder ohne 10tausend heiratet.
Das muß der Mensch wissn.
Bevor er sich zur Liebe entschließt!
(Pause.)
Das werden Sie bereuen, Herr Schwiegerpapa!
Ich bin nämlich
auch nicht
nichts!
Ich werde Inspektor und hab ein Recht
auf eine gewisse Mitgift.
PAPA Mitgift! Das is doch vorbei!
Vergangenheit!
Heute heiratet man der Liebe wegen.

LEO *(schreit)*
   Ich nicht.
   Ich bin ein normaler Mensch.
PAPA Sie haben kein Herz, das ist es.
   Und wollen meine Tochter heiraten!
   Wie kann man das zulassen?
LEO Keine Sentimentalitätn bitte.
   (Pause.)
PAPA Was wissn denn Sie von den Zeitn?

7. Luftballon

MAMA *(kommt im Hochzeitskleid)*
   Gfall ich dir?
   Grüß Gott, Herr Leo, gfall ich Ihnen?
LEO Gutn Tag!
PAPA Das Kleid hat sich ghaltn.
MAMA *(zu Leo)*
   Mein Hochzeitskleid!
LEO Ich weiß, die gute
   alte Zeit.
MAMA Ein Traum aus Weiß, nicht wahr?
PAPA Wasch lieber eine Wäsch
   und laß die alten Fetzn stehn!
   Kein frisches Hemd hab ich mehr.
MAMA Ich bin nicht mehr die Jüngste.
   Sei lieber nett zu mir.
   Das is mein Todeskleid.
   Du wirst es sehn!
PAPA Passns bloß auf, daß die Marie
   ned auch einmal so wird!
   In die altn Fetzn die gestrign Täg suchn,
   dem Herrgott in der Kirchn die Zeit wegstehln
   und saudumm daherredn!
   Bloß nix arbeitn, und wenn sie einen
   aus alle Kästn und Schränk anspringt.
MAMA *(beginnt zu weinen.)*
PAPA Schau daßd in die Kuchl kommst.
   Die Marie macht uns einen Kaffee.

MAMA Dann hilf ich ihr.
(*Bevor sie geht, nimmt sie die Zeitung vom Tisch.*)
PAPA (*reißt sie ihr stumm aus der Hand.*)
MAMA (*heulend ab.*)
(*Pause.*)
PAPA Wenn es manchmal da drin steht, in der Zeitung,
daß ein Ehemann hergeht und seine Frau derschlagt!
So grausam es is,
ich versteh es.
LEO (*schaut.*)
PAPA (*setzt sich, liest in der Zeitung.*)
LEO (*zündet sich eine Zigarette an.*)
MARIE (*kommt mit dem Geschirr und richtet den Kaffeetisch.*)
MAMA (*schaut kurz herein, geht wieder.*)
MARIE (*fertig, geht wieder in die Küche.*)
PAPA Alles fallt über meinem Kopf zusammen, und ich
kann es nicht aufhaltn.
(*Pause.*)
(*Liest weiter. Von der Zeitung aufschauend*)
Bei uns is ein Einbruch passiert.
Wissn Sie das schon?
LEO Wo?
PAPA Beim Juvelier war ein Einbruch.
Beim Juvelier. Der Juvelier hat eingebrochen.
LEO Ich hab ihn nie leiden können, den Juvelier.
Aber daß er ein Einbrecher is,
das
hätt ich nie
von ihm gedacht.
PAPA In seinem Geschäft.
LEO Ach so.
Das is verständlich.
PAPA Der unbekannte Täter konnte ungestört arbeiten
und beträchtliche Beute mitgehen lassen.
Bisher fehlt jegliche Spur von ihm.
(*Lacht*)
Die sind mit allen Wassern gewaschen!
LEO In der Bank hätt einer keine Chansen.
Das Sicherungssystem ist eins a.
PAPA Gestern abend in den Abendstunden.
(*Es klingelt und scheppert.*)

8. Schäferstündchen

MARIE *(kommt, rennt zur Tür)*
Es klingelt, sitzt ihr auf die Ohrn?
(Sie öffnet, es kommen mehrere Beamte und Polizisten.)
PAPA *(springt auf)*
Herr Oberinspektor Hufnagl?
Was verschafft mir –
(sieht die vielen Polizisten)
Ich bin der Schuhgeschäftsinhaber Anton!
Man kennt sich!
OBERINSPEKTOR *(gibt ihm einen Bogen Papier)*
Da, lesen Sie das durch und machns keine Umständ.
Das is ein Haussuchungsbefehl.
PAPA Wer?
*(Starrt den Oberinspektor an.
Liest das Schreiben.)*
OBERINSPEKTOR Mir.
(Sieht die Zeitung aufgeschlagen)
Da liegt es ja eh. Aufgeschlagn!
Also is es nix mit der Überraschung.
(Pause.)
Er is schon verhaftet.
Wie es sich gehört.
Fangen Sie mit der Durchsuchung an.
Rücksicht ist nicht vorteilhaft.
Wo der Herr Sohn von Ihnen die Beute nicht
in seinem Untermietszimmer hat,
is die elterliche Wohnung ein gern benüttzter
Versteckplatz.
Wenn Sie wissn, wo die Beute ist,
weil sie unter einer Decke stecken
darf sie auch freiwillig herausgegeben werden.
PAPA *(schreit)*
Herr Oberinspektor!!!
MAMA *(kommt im Hochzeitskleid, mit dem Kaffee herein)*
Herr im Himmel, was is denn los?
OBERINSPEKTOR Ruhig verhalten und nicht aufregen.
Nichts verrücken,
nichts verstellen.
Alles an seinem Platz lassen!

Stellen Sie sich am besten alle in die Mitte des Zimmers,
dann könnens nix berühren und
sich einem falschen Verdacht aussetzen.
*(Die Beamten verwandeln das Zimmer in eine Räuberhöhle,
die Familie und Leo in der Mitte.)*
MAMA *(schreit)*
Ich will wissen, was passiert is!
Das is man mir in meiner Stellung als Mutter
des Hauses schuldig!
PAPA Der Karl hat beim Juvelier eingebrochen.
Lies!
(Gibt ihr die Zeitung.)
MAMA *(liest.*
Starrt den Oberinspektor entgeistert an)
Wissn Sie es genau, daß es mein Karl war,
Herr Oberinspektor?
OBERINSPEKTOR Es is soviel wie sicher.
Er is schon verhaftet.
Das Geständnis is bloß eine Frage der Intelligenz.
MAMA Hast du das gehört, Papa?
Unser Kind!
Unser Bubi!
(Schreit)
Karli!!!
Mein Bub hat einen Einbruch verbrochen und is
im Gefängnis verfangen.
Lebt der Juvelier noch?
OBERINSPEKTOR Ja.
MAMA Wenigstens einer.
Wo is der Karli?
OBERINSPEKTOR Im Gefangnis, wie es sich gehört.
MAMA Im Gefängnis, im Gefängnis.
Und ich!?
(Schreit hysterisch)
Das halt ich nicht aus.
Das weiß ich.
Die Schande kann man nicht überleben.
Ausgeschlossn. Mein Sohn, mein Bubi, der Karli.
(Sie schaut um sich.
Schreit wie irrsinnig.)
PAPA Halts Maul!

MAMA *(läßt die Kaffeekanne fallen, die zerbricht,*
sie fällt um. Ist tot.)
MARIE Mama, was is denn?
PAPA *(schaut.)*
OBERINSPEKTOR Machen Sie weiter, meine Herrn,
das is eine Privatangelegenheit.
(Zu Papa)
Sie können so tun, als wenn mir gar ned da wären.

Vorhang/Pause.

Zweiter Akt

9. Suppenkaspar

PAPA *(bereits angesoffen, säuft die Szene durch, ißt.)*
MARIE *(schaut ihm zu.)*
PAPA Die Mama is tot.
  Weißt du das.
  Iß.
  Oder willst mich vergiftn?
MARIE Nein.
PAPA Essn haltet Leib und Seel zam.
  Heißt es. Ich hab einen Traum gehabt.
  Wennst willst, verzähl ich ihn dir.
  Wenn nicht dann nicht.
  Ich hab geträumt, daß meine Tochter mich vergiftn will.
  Mit E 605
  Es war gut leserlich auf der Dosn.
  Gedankn und Träume sind zollfrei.
MARIE Ja.
  (Schaut ihn an.)
PAPA Schau weg von meiner,
  mit deim heilige Maria Mutter Gottes Gfriß.
  Womit hab ich das verdient?
  Herr im Himmel, schau hinauf auf mich.
  Hab ich dir je ein Leides getan?
  Schau meine Tochter an.
  Wo is meine Frau, Herr Jesus Christ?
  Fort.
  Da obn is die Mama und schaut uns zu.
  Ich komm mir beobachtet vor.
  Schau weg Mama, mir denkn an dich und tun dabei
  nix Unrechtes.
  Schau ins Gefängnis zu deim Sohn, wo er sitzt.
  Der Muttermörder seiner Mutter.
  Geschorene Haare hat er.
  Im Gefängnis darf man keine langen Haare habn.
MARIE *(schaut ihn an.)*
PAPA Wie sie schaut.

Dein Lebn geht erst los.
Du bist jung, und ich?
Ein Witwer mit einem Muttermörder im Gefängnis.
Wenn er wieder in die Freiheit darf, dann geht er heim
und bringt seinen Papa um.
Ich darf traurig sein, ich bin ein Mensch
und will als Mensch behandelt sein und nicht
als Phänomen.
(Pause.)
Wer hat den Sargdeckel zugenagelt von der Mama?
Das Bestattungsinstitut?
MARIE Du.
PAPA Genau.
Das sind mir uns schuldig beim letzten Scheiden.
Deckel drauf. Aus.
Traurig bin ich und häng mich auf.
Was meinst du, Herr?
Gib mir ein Zeichn, daß ich dich
besser sehn kann.
Nix.
Es bleibt mir nix erspart.
Da sitz und glaub ich bin in einem trauten Heim,
aber es is eine Räuberhöhle.
In dem Bartsch seiner Todeshöhle mit die Kinder von
Leichn.
Lauter Leichn, wohin das Auge reicht, und solche,
die es werdn müssn. Schrecklich.
Wenn es so weitergeht,
dann werde ich noch egoistisch und weine
keine Träne mehr und heirat nimmer.
Bleib allein und denk an den Tod.
Für dich heißt es noch:
Heile heile Segen, morgen gibt es Regen,
übermorgen Schnee, und dann tuts nicht mehr weh!
Aber was soll ich sagen?
Es fallt mir gar nix ein.
MARIE Ja.
PAPA Ich bin zu lange Vater, das nutzt ab.
Gewöhnung, sonst nichts.
Und der Erfolg? Mein Sohn,
der mir einmal die Rente aufbessern soll,

ein Ruhekissn im Alter oder wie das heißt,
der sitzt im Knast und wartet auf meine Pfefferpackeln.
Und du hast keine Arbeit.
Das muß jetzt anders werdn,
weil es abwärts geht mit uns.
Daß ausgerechnet mir solche Kinder ham?
Andere ham ganz andere Kinder.
(Pause.)
Spiel mir was auf dem Klavier vor, für was
hab ich es kauft und euch lernen lassn.
MARIE Spiel dir selber was vor.
Glaubst,
ich bin die Mama?
PAPA Kein Trost. Gegen die Gedanken.
Was tu ich, wenn der Herr Sohn wiederkommt?
In 10 Jahr seh ich es vor mir:
Vater, da bin ich, sagt er. Ich hör es.
Herr, hilf mir.
Das will ich noch erlebn.
Das laß ich mir nicht entgehn.
Laß dir das gesagt sein, Tod!
Da sitz ich und wart. Bis mein Sohn kommt.
Und dann bin ich Richter,
und wenn das erledigt is,
kannst du kommen.
Aber zerscht komm ich und die Reihenfolge.
Merk es dir.
MARIE Geh schlafn!
PAPA Daß ich träum.
Daß du ein Mitglied der Baader-Meinhof-Bande bist
und mit die Bombn umeinanderschmeißt.
(Pause.)
Im Traum bin ich mitgegangen mit einer
Fronleichnamsprozession. Ich war die Masse.
Alle ham aus die Fenster gschaut.
Keiner hat auf mich geachtet, aber ich hab gewußt,
wenn sie es erfahrn, daß ich es bin,
dann lassns die Prozession Prozession sein,
und nur noch ich werde angeschaut.
Verstehst? Die Schande war es.
(Pause.)

Vielleicht schreib ich die Geschichte unserer Familie
für eine Zeitung.
Is das nix?
Ich hätt noch mehr geträumt. Der Karl
hat mich besucht im Traum mit einem Revolver.
Er schießt, wie es sich ghört für so ein.
Ich weiß ned auf wen, ich bin aufgewacht.
Ich hab gedacht: so is es, so und nicht anders.
Wenn wieder etwas passiert in unserer Familie,
das is mir gleich, was, dann schneid ich mir
die Kehle durch. Mit einer Rasierklinge.
Alles laß ich mir nicht gefallen, von niemand.
Wer is denn schuld, daß der Karl wordn is, wie es is?
Mir is er ned nach und der Mama auch ned.
Und du bist auch anständig.
Da können die Leut sagn, was wolln.
An uns kann es ned liegn, der Erbmasse.
Die Tochter is anständig,
der Sohn die bedauerliche Ausnahme.
Basta.
Die Leut schaun einem nach und, wenns einen anredn,
dann bedauern sie mich.
Ich möcht ihnen mit der Faust ins Gesicht haun.
Ich brauch kein Mitleid, es bleibt in der Familie.
Im Gschäft kann man nix sagn. Das geht besser.
Sogar der Pfarrer war da. Er sagt:
Jeder Mensch is bloß für sich selber verantwortlich.
Ich soll an den Adam denken.
Der hat auch so ein Kind ghabt und kann nix dafür.
Was is der Adam gegn mich?
Nix.
Der hat keine Nachbarn ghabt. Das is es.
Was hab ich erlebt. Hunger, Krieg und Elend.
Alles war zum Ertragen, sogar der Hitler.
Aber die Schande, die bricht
einem ehrlichen Mann den Hals.
Nix gibt es, was noch is wie früher.
Ich geh dahin, und Leut redn mich an und sagn,
Ihr Herr Sohn hat Schuldn bei mir.
Angst hams um ihr Geld. Das versteh ich.
Mir is ganz übel, und ich zahl.

90 Mark, 40 Mark, 50 Mark. Wie man es will.
Ein Verbrecher, wie er im Buche steht.
MARIE Nix is bewiesn.
PAPA Red mir ned hinein in die Gefühle.
MARIE Weilst immer nur das Schlimmste annimmst,
vom Karl.
PAPA Ich bin gerecht, das is offensichtlich
und muß nicht erst bewiesn werdn.
Nicht jeder kann das Herzipoppi vom Papa sein.
Er verdient im Monat das Doppelte von mir,
wo ich mich abplag in diesem Scheißgeschäft.
Is das richtig? Nein.
Aber das hat ihm nicht genügt,
einbrechn hat er müssn.
Da hab ich noch keine Beweise gehabt, da
war mir mein Herr Sohn verdächtig.
Und was is jetz? Recht hab ich gehabt.
MARIE Und wenn er freigesprochn wird,
weil er unschuldig is?
PAPA Das könnens einem nicht antun.
(Pause.)
Dann nehmen mir einen Rechtsanwalt, den
besten wo es gibt, und Rehabilitierung!
In jeder Zeitung muß es dann stehn.
Ein Buch und im »Stern«.
Wenn er unschuldig is, könnens was erlebn.
MARIE Red ned. Du wünschst es ihm.
PAPA Ich ihm wünschn? Blöder Trampl.
Vergönnen tu ich es ihm, weil ich es immer schon gsagt hab.
Aber wünschn nicht, ich bin sein Vater.
Das kann ich ihm nie vergessn.
MARIE *(schaut ihn an.)*
PAPA Jetz geh ich ins Wirtshaus.
In eines, wo mir unbekannt sind.
Was schaustn so?
MARIE Ich wart bloß, bis du draußn bist.
PAPA Genau.
Kinder,
für was braucht der Mensch
Kinder?
(Ab.)

10. Mon cherie

MARIE *(räumt den Tisch ab)*
Das versoffene Schwein versauft alles,
wo eh nix da is.
Bring dich um, alter Depp,
lieber heut wie morgn.
Was du heute kannst besorgn, das verschiebe nicht auf
morgn.
Genau.
Wenn sich kein Doktor findn laßt,
dann muß man in den sauern Apfel beißn mit dem Kind.
Bring dich um, is das beste, was du tun kannst.
Wo es eine Eigntumswohnung is und der Karl ned erbt,
weil er sitzt.
Zwei Zimmer vermietn, und das Geschäft verpachtn.
Man wär aus dem Schneider, das Kind und ich.
Da is leicht Mutter sein wolln, wenn die Aussichtn
rosig sind.
(Sie setzt sich ans Klavier und spielt.)
Musikalisch is man erleichtert.
Gern spiel ich, wenn keins zuhört.
Wenn er sich wirklich umbringen tät ...
Aber das sind ja bloß leere Versprechungen.
Sonst nix.
(Spielt.)

11. Der Coup

HUBER *(kommt)*
Hallo?
Wünsche nicht gestört zu haben.
MARIE Der Herr Juvelier Huber?
Grüß Gott.
HUBER Is der Herr Vater nicht da?
Ich hätt eine Wichtigkeit für ihm.
MARIE Grad is er weg.
HUBER Ihr Sohn, Ihr Vater *(korrigiert sich)* Bruder is unschuldig.

Mein Sohn war es.
MARIE Was?
HUBER Hab ich auch gsagt.
MARIE Jetz versteh ich gar nix mehr.
HUBER Eben.
Darf man sich setzn, weil es der Lauf der Welt is?
MARIE Bitte. Und?
HUBER Ganz einfach, wenn man aufpaßt.
Bei mir wird eingebrochn, wie man weiß.
Ich geh zur Polizei, und die Polizei sagt:
Werdn mir schon machn!
Und man verhaftet Ihren Herrn Bruder.
Na, ja.
Ich war nicht dabei bei dem Einbruch. Gell.
Ihre arme Frau Mutter!
Ich sag nur: Wenn Sie glauben, daß dieser Mann es war.
MARIE Ja.
HUBER Der Einbruch war am Samstag, wie man weiß.
Am Sonntag abend is mein Sohn zurück nach München.
Dort studiert er: Jura.
Vierzehn Tage später, an einem Dienstag, wird er verhaftet.
Er hat bei einem Münchner Juvelier einen wertvollen Ring verkaufen wollen.
Dem kam es verdächtig vor.
Am Mittwoch war ich in München.
Was sag ich: der Ring und anderes, was gefundn wurde: gehört mir.
Aus meinem Geschäft.
Wenn ich gewußt hätt, daß mein Sohn mir
die Sachn zurückgibt, wie er sie
gestohlen hat, ich hätte wegen der Familie
vertuscht, wenns geht!
Dann bin ich aber in seiner Hand.
Und wenn ich von einem nicht abhängig sein will
auf der Welt, dann von meinem Sohn.
Verstehn Sie das?
Na ja, Sie sind noch zu jung.
MARIE Vollkommen.
HUBER Ich könnte mir vorstellen, daß man Ihren Sohn
schon entlassen hat.

MARIE Warum?
HUBER Weil das schnell geht.
MARIE Meinen Bruder?
HUBER Wen sonst? Gibt es noch jemand aus Ihrer Familie,
der sitzt?
MARIE Nein, Sie ham gesagt: Ihren Sohn.
HUBER Ein Versprecher, unbedeutend.
Er wird schon auf dem Weg nach Hause sein.
MARIE Ob der so schnell heim kommt.
HUBER Bitte, das is meine Sache nicht.
Mein Beileid noch für alles an den Herrn Vater.
Ich wasche mich in Unschuld und hätt
es Ihnen gern erspart.
Jetzt,
wo ich zurückdenk, ist es sonnenklar.
Wenn mich einer beraubt,
daß ich da nicht sofort an
meinen Sohn denke,
das is direkt unnormal.
(Pause.)
Seit ich mich erinner, streitn mir.
Vor allem um die Gesellschaftsordnung
und das Geld.
Das letztere zählt: Mir is es zuviel,
was ich ihm gebe, und ihm zuwenig.
(Lacht)
Außerdem verachtet er mich:
Er sagt, ich sei ein Burschoa.
Wissn Sie, was das is, ein Burschoa?
Ich hab im Lexikon nachgeschaut.
Das sind die, die in der Französischn Revolution
die französischn König die Köpf
abgeschlagen haben.
War das schlecht?
Und heute sind es die,
die den Kommunismus bekämpfen!
Is das schlecht?
MARIE Nein.
HUBER Eben.
Er is ein Ultralinker, wie man sagt, mein Sohn.
Links von Marx *und* Mao.

(Lacht)
Is ja wurscht, solang er studiert, hat er Narrnfreiheit.
Bloß ein Einbruch, das is zuviel.
Aber wissn Sie, was das Interessante an der Geschichte is?
Wenn ich auf dem Kegelabend der Einzelhändler
davon erzähl: Man versteht mich.
Das beruhigt, es geht uns alle gleich.
(Pause.)
Ja, dann geh ich wieder.
Ich bin nicht schuldig, und leid tut es mir auch.
Die Polizei greift halt hinein ins volle
Menschenleben, wie man so sagt.
Heute da, morgen dort.
Auf Wiedersehn, Fräulein Marie!
Und beste Empfehlungen an den Herrn Papa,
und gute Nacht!
(Ab.)
MARIE Gute Nacht!
(Pause.)
Jetz ham mir wieder Oberwasser.
Und zwar gewaltig!

12. Schwanengesang

PETER *(kommt)*
Jetzt geht es natürlich wie in einem Taubenschlag!
Der Juvelier Huber is mir begegnet,
guten Abend!
Sie wissn es schon.
Ihr Bruder ist unschuldig.
MARIE Ja.
Guten Abend!
PETER Ich wollte der 1. sein, der die frohe Botschaft bringt.
MARIE Der Juvelier war der 1.
Reden mir von etwas anderem,
ich weiß es schon.
PETER Ja.
(Pause.)
Wie mir uns das letzte Mal wiedergesehen haben?

MARIE Genau.
　Der Leo hat sich beschwert.
PETER Trotzdem.
　(Pause.)
　Mir ham uns wieder begegnet, und es hat
　nicht sollen sein.
MARIE Ja.
PETER Kannst dich überhaupt noch daran erinnern?
MARIE Ja.
PETER Hast mich gleich erkannt?
MARIE Ja.
PETER Ich auch.
　Eine Begegnung, die ihresgleichen sucht.
MARIE Ja.
PETER Instinktiv.
　Ich sag es auch.
　Das war kein erotisches Wiedererkennen allein.
　Das war instinktiv,
　wie man die Arme um sich gelegt hat.
MARIE Der Leo hat es gsehn.
PETER Aber nix gsagt.
　Das könnt mir nicht passiern.
MARIE Der Leo is ein anderer Mensch wie du. Friedlich.
PETER Und meine Liebe kehrt allmählich zu dir zurück.
　Merkst es?
MARIE Ja.
PETER Ich liebe dich wieder.
　(Pause.)
MARIE Der Leo steht im Weg.
　Aber.
PETER Ich bin wieder da.
　Das muß
　Schatten werfen.
　(Pause.)
　Da sieht man nix mehr
　vom Leo.
MARIE Doch, weil ich schwanger bin von ihm.
PETER So ein Schwein.
　(Pause.)
　Ein Kind.
　Das is hart.

MARIE Und diesen Brief hat er mir geschrieben.
Das is nämlich die größte Sauerei.
PETER *(liest)*
»... als Inspektorenanwärter bei der
Bayrischen Hypotheken- und Wechselbank,
kann ich in keine Familie ehelich hineintreten,
wo einer der Angehörigen seinerseits
ein Verbrecher is ...«
»... Verlobung als beendet zu erachten ...«
»sozusagen ...«
(liest zu Ende)
Das is eine Sau!
MARIE Ein paar Tag, nachdem die Mama tot war.
Das muß man sich vorstellen.
PETER Drum war er auch nicht bei der Leichenfeier!
MARIE Genau.
(Pause.)
PETER Laß abtreibn, was sonst.
MARIE Wenn ich kein Doktor weiß.
PETER Ehrensache, und der Leo zahlt.
Erste Klasse!
Du fahrst nach England.
Fliegen.
Nach London!
In eine Klinik.
Phänomenal. Ein unvergeßliches Erlebnis.
Und der Herr Leo zahlt.
Ich geh hin zu ihm. Das is er dir schuldig.
Eine Abtreibung mit alle Schikanen.
Und der Erfinder zahlt. Sonst krachts.
MARIE Das gibt Mut.
PETER In welchem Monat bistn?
MARIE Ende 6.es.
PETER Bist deppert?
MARIE Ende 6.es.
PETER Dann brauchst nicht nach England fahrn.
Dann is der Fall gelaufn.
MARIE Aber ich bin noch ganz ohne Bauch, wie man sieht.
PETER Das is eben alles unterirdisch und so groß
wie ein Kürbis.
Das macht niemand mehr. Auch ned in England.

Mord nach dem 5.en.
Welttatsache!
(Pause.)
MARIE Scheiße.
PETER Warum kümmerst dich denn jetz erst um das?
MARIE Ich hab Tag und Nacht überlegt.
(Pause.)
PETER Mit dem Kind mußt dich abfinden.
MARIE Ich glaub auch.
Das scheint sicher wie der Tod.
PETER Genau.
(Pause.)
Dann wird der Herr eben in den sauern Apfel beißn und
dich heiratn!
Zur Strafe. Bleibts ein Jahr
verheiratet und laßts euch dann scheidn.
Wie anderswo auch. Zeit vergeht.
Das Kind hat seinen Namen,
du dein Auskommen und die Ehre.
Ich die Genugtuung.
Das is das mindeste, was man
verlangen kann.
(Pause.)
MARIE Ich hab gedacht, du bist meine letzte Rettung.
PETER Bin ich auch,
aber langsam.
Erst muß er dich heiraten.
Dann reden wir weiter.
Ich liebe dich.
Das fordert seinen Preis.
MARIE Dieses Scheißkind.
PETER Ein Kind is ein Kind. Arm!
MARIE Derzeit is nix mit uns?
PETER Ich heirat dich.
(Pause.)
Nach ihm.
Sonst steh ich dumm da,
als der Dumme.
Schauts ihm an, sagn die Leut,
da lauft er dahin mit ihr.
Und das Kind im Kinderwagen

is die Geburt von einem andern.
Anders hat er sie ned bekommen.
MARIE Ich hab dich nie vergessen.
PETER Das is klar.
(Pause.)
MARIE Der Leo muß in den sauern Apfel beißn.
Genau.
Er muß mich heiraten. Vorübergehend.
Aber sein muß es.
Die Rechnung macht er nicht ohne den Wirt.
PETER Und der bin ich.
MARIE Jedem das seine.
PETER Mir sind in Augsburg, genau.
MARIE Eben.

Dritter Akt

13. Haltestelle

LEO Ohne Fleiß kein Preis!
Ich arbeit.
Fernkurse sind die Zukunft.
Pflichterfüllung.
(Arbeitet weiter)
Und wenn der Generaldirektor persönlich hereinkommt.
Weiterbildung muß erlaubt sein.
Und wenn sich die Beziehung zum Herrn
Regierungsrat Hapfinger durch seine Tochter
hindurch erweitern läßt,
dann bin ich bald Inspektor.
Eine Bank und ein Finanzamt haben viel gemeinsam.
Wer schätzt nicht die Vorzüge von Verbindungen?
Ach was,
hereinkommen kann wer will.
Ich bin die Zukunft.
MARIE Redst jetzt mit dir selber?
LEO Nebenbei. Grüß Gott Marie.
Sitz dich hin, ein Besuch is immer willkommen.
(Pause.)
Mein Brief hast bekommen?
Einschreiben und Expreß!
MARIE Da is er.
Der Karl is unschuldig.
LEO Bitte?
MARIE Es steht auch schon in der Zeitung.
Der Sohn vom Juvelier selber war es.
LEO Ich hab heut noch keine Zeitung gelesn.
MARIE Stadtgespräch is es.
LEO Was gehn mich die Leut an.
(Pause.)
Man gratuliert dem Karl.
Richt es aus. Bitte.
MARIE Der Brief is jetzt gschissn.
Ich bin da, um über meine Ehe

mit dir zu redn.
Du heiratest mich, wie es sich ghört.
LEO Hast es Kind noch.
MARIE Ende 6.es Monat.
LEO Rechnen kann ich auch.
MARIE Du hast es ja wolln, daß es bleibt.
LEO Die Zeit is vorbei.
Das war einmal.
MARIE Ein Kind kann man ned an- und abbestellen
wie die HÖR ZU.
LEO Es hat sich viel geändert.
Ich hab eine andere.
MARIE Das is mir wurscht,
erst komm ich.
LEO Ihr is es auch wurscht.
MARIE Ein ledigs Kind kommt nicht in Frage.
Das kannst du dir aus dem Kopf schlagn,
da ghört nämlich eine Liebe dazu.
Du heiratest mich, und wenn ich dich zwing.
LEO Liebst du mich.
MARIE Was geht das dich an, wen ich liebe.
LEO Zur Ehe gehört eine Liebe.
MARIE Glaubst.
LEO Für mich schon.
Jemanden, den man liebt, für den geht man
durch dick und dünn.
Und stirbt für ihn, wenn es sein muß.
Kannst du dir vorstellen, daß du für mich stirbst?
MARIE Nein.
LEO Ebn.
Die Ehe is heilig, mir jednfalls.
MARIE Mir wickeln ein Geschäft ab.
In einem Jahr kannst dich wieder scheidn lassn.
Auf eigenes Verschulden.
Zwischendurch brauchn mir uns nie zu sehn,
während der Ehe.
Zumindest ich
leg keinen Wert drauf.
Aber das Kind hat seinen Namen,
und alles seine Ordnung, wie es sich gehört.
LEO Und du eine Rente auf Lebenszeit.

MARIE Mit die Alimente allein kommst mir nicht weg.
LEO Und wenn ich freiwillig mehr zahl?
MARIE Ehe und sonst nix.
  Der Karl is rehabilitiert.
  Aber das Eisn is noch heiß.
  Vor ein paar Tag war es groß in der Zeitung,
  die Verhaftung,
  die Entlassung is klein gedruckt.
  Wer hat es gelesn?
  Die Geschicht mit dem Juvelier seinem Sohn
  is jetzt Trumpf. Mir sind passé.
  Das is die Wirklichkeit.
  Ein ledigs Kind is jetzt unpassend.
  Das wirst du zugeben müssen.
  Das Geschäft vom Papa geht auch immer schlechter.
LEO Einzelhandel verreckt, ich hab es ihm oft gesagt,
  deinem Papa.
  Aber ein ledigs Kind ist heut kein Beinbruch mehr.
  Das überschätzt du.
MARIE Es is kein Unglück, wie früher, bloß ein Blödsinn.
  Und das is es mir nicht wert.
  (Pause.)
  Daß du umeinanderverzähln kannst:
  Die blöde Gans vom Schuhgeschäft Anton,
  die Marie, hab ich gefickt, und sie hat hergehaltn.
  Und mich machn lassn.
  Jetzt hab ich Nachwuchs und zahl einen Blauen dafür
  im Monat. Das is es wert.
  Und ich renn mit dem depperten Kind
  durch die Gegend und laß mich blöd anschaun.
  Das machen mir zwei nicht,
  daß du der King bist
  und ich die blöde Kuh.
  (Pause.)
  Mir brauchn uns nur noch zweimal zum sehn
  im Leben: bei der Hochzeit und ein Jahr
  drauf bei der Scheidung.
  Aber darauf besteh ich.
LEO Das is keine Ehe.
  Das is der reine Haß.
MARIE Aber der Hutschinger Peter steht hinter mir.

Mit seinem Papa.
LEO Hat meine Beobachtungsgabe doch recht gehabt
an dem fraglichen Abend in Münchn!
Sau.
MARIE Aber bloß moralisch.
LEO Moralisch im Schwanz.
MARIE Wenn der die Beziehungen von seinem Papa
spielen laßt, dann kannst dich
aufhängen.
Herr Inspektorenanwärter.
LEO Vielleicht.
MARIE Unter Garantie.
(Pause.)
Mir ham es uns so überlegt ghabt:
Du zahlst die Abtreibung 1. Klasse in London,
und die Sache is vergessn.
LEO Genau.
MARIE Ende 6.es Monat is Mord.
Das is Welttatsache, sagt der Peter.
LEO Zu spät, genau.
MARIE Und drum brauchts eine Ehe.
Kurz, aber amtlich.
LEO Eine Bürgerlichkeit is das plötzlich, wost suchn kannst.
MARIE Eine Marie mit 20tausend is was anderes
wie eine Marie ohne 20tausend.
LEO Hat er was gsagt, der alte Depp?
MARIE Das mußt du büßn.
Da geh ich über Leichn.
LEO Weilst kein Hirn hast! Glaubst,
ich will das Geld wegen einer Weltreise?
Blödsinn!
Aber wegn der Ehe is es notwendig.
Was glaubst,
was das kost,
eine Ehe, wenn sie gegründet wird,
so – wie es sich ghört, weil es üblich is!
Tausende – und wo nimm ich die her?
Vom lieben Gott?
Eine Heirat ohne den Grundstock
wirft einen zurück
und sonst gar nix.

MARIE Glaubst du wirklich, daß ich dich noch will?
LEO Nein.
MARIE Ebn.
 Aber ich brauch die Ehe
 wegn der Umgebung.
 Wiedersehn!
 (Ab.)
LEO Sau. Museumsreif.
 (Pause.)
 Die Beziehungen, die der junge Herr Hutschinger hat,
 werden sich erschöpfen, wo ich
 dem Regierungsrat seine Tochter besitz.
 Was is eine Hutfabrik gegen ein Finanzamt?
 Lernen mir weiter.
 Die Stürme des Lebens sind bloß Zeitvertreib.
 Die Fernkurse sind die Zukunft.
 Ich bin schon in Ordnung.
 (Arbeitet weiter.)

14. Duell

PETER *(kommt)*
 Servus Leo!
LEO Servus! Hast du druntn gewartet auf die Marie
 wegn dem Bescheid?
PETER Mir tut sie leid.
LEO Und seit wann gehts wieder mitnand?
PETER Sie tut mir leid. Sonst nix.
LEO Wer es glaubt, is ein Arschloch und wird selig.
PETER Es geht um das Kind.
 Das is von dir.
 Unzweideutig. Oder ned.
LEO Was weiß der Mensch.
PETER Also von mir is es nicht. Ehrensache!
LEO Das wär mir nicht entgangen.
PETER Genau. Heiratst sie?
LEO Damit ich ein Lebn lang brenn wie ein Blöder.
PETER Es geht ned bloß ums Geld. Jetzt, wo die neuen
 Scheidungsgesetze kommen, stehst dich eh fast gleich.

Ehe oder ledig.
Es is wegen der Öffentlichkeit.
Warum soll sie es sich schwer machen, die Marie?
Und alles auf ihre Schultern nehmen.
Das is doch schlechter Stil, von dir.
LEO Ich heirat sie nicht.
Basta.
Nimm du sie.
PETER Später vielleicht.
LEO Das is eine verlogene Sau.
Bevor du sie heiratst, hab ich Zwilling.
PETER So wie es jetzt is, natürlich nicht.
Ich bin von meine Eltern abhängig.
Als Erbe.
Eine Frau mit einem ledign Kind is da Scheiße.
Aber schuldlos geschieden, das erweckt Vertraun.
(Pause.)
Es is nicht einfach für mich, über das Kind
hinwegzukommen mit meiner Sympathie für sie.
Du heiratst sie zuerst.
Und dann nimm ich sie.
LEO Die will dich doch jetzt nur, weilst ein Geld hast.
PETER Welches das meine is.
LEO Mein Schwanz is auch der meine.
Und mein Gsicht.
PETER *(starr)*
Das mußt du büßn.
Du bist in der Hypo.
LEO Du im Moment auch.
PETER Dein Chef kennst.
LEO Anzunehmen.
PETER Die Marie sagt,
Inspektorenanwärterprüfung macht der Herr.
LEO Genau.
PETER Mein Papa kennt den Filialleiter Pezold auch.
Besser wie du, vielleicht.
LEO Und?
PETER Und den Herrn Direktor Häufele in München, den
kennt mein Papa auch.
LEO Der is im Aufsichtsrat.
PETER Genau. Und hat seine Macht.

LEO Kennst du den Regierungsrat Hapfinger?
PETER Warum?
LEO Und seine Tochter, die Fanny?
PETER Nein.
LEO Aber ich.
Und ich kenn ihren Papa intensiv,
und der kennt meinen Filialleiter und Chef intensiv.
PETER Mein Papa macht das schon.
LEO Mein Schwiegerpapa in spe is bei der CSU, wie es sich
gehört.
Und den Regierungspräsidenten kennt er.
Zum duzen kennt er ihn.
PETER Glaubst, mein Papa is bei der SPD?
Der is ein Freund vom Goppel.
LEO Der Regierungspräsident auch.
PETER Heirat die Marie, mein Papa macht dich sonst fertig.
LEO Mein Schwiegervater wird Hapfinger heißen und dafür
Sorge tragen, daß mir keine Nachteile erwachsen!
PETER Machen mir ein Metsch.
LEO Genau.
Weil die Sau, die du mit deim Papa bist,
die bin ich schon lang.
Und die Weiber, die bei mir heißgelaufn sind,
und weggeworfen werden,
die stoßn sich bei dir gewöhnlich.
Und dabei bleibt es.
Schau in den Spiegel, Bubi.
PETER *(schluckt)*
Servus!
LEO Servus Bubi!
Schöne Grüße an die Marie.
PETER *(ab.)*
LEO Kein Geld und keine Treue, die Marie.
Aber kommandiern, das tät ihr passn.
(Pause.)
Das Lebn is eine Frage der Intelligenz.
Abendkurse sind die Zukunft.
Ich lerne weiter.
Ungestört.

15. Amerika I

KARL Keiner daheim?
(Kommt)
Keine Empfänglichkeit für den Heimkehrer.
Eh gut.
In der ganzn Stadt bin ich umeinander.
Es Auto stehn lassn. Ich bin noch nie so gern
zu Fuß gegangen. Aber die Leut schaun. Schweine.
Weils mich kennen.
Aber keiner sagt was.
Vergönnt hättn sie es mir, daß ich es war.
Soviel is sicher.
Aber nein, meine Herrschaftn, das tut mir leid.
Mit Einbruch kann ich nicht dienen.
Ich bin ja kein Student und war es nie.
Ich glaub an meine Existenz, weil sie
mich ernährt und gut.
Trumpf Schokolade.
(Pause.)
Lauter Konservn, das hätts bei der Mama ned gebn.
Alles eingeteilt, und Wochntag zum Erkennen
auf dem Mittagstisch.
(Lacht)
Kinderzeit, schöne Zeit.
Montag Kaiserschmarrn oder Spinat und Wammerl
Dienstag Leber, Niere, jedenfalls Inngreisch.
Mittwoch Leberknödel und Salat.
Oder Krautwickerl.
Selten Apfelstrudel. Leider.
Donnerstag? Scheiße, vergessn.
Freitag Fisch oder Dampfnudel mit Vanillesoße.
Samstag Gemüse nach Jahreszeit und Fleisch billig.
Sonntag Schweinernes und Kartoffelknödel.
Wenn möglich Gurkensalat.
Keine Pfannibatzerei. Selber gemacht. Halb roh und
halb gekocht.
Ein Genuß, und die Zeit is vorbei.
Arme Mama!
Arme Mama.
Scheiße.

16. Amerika II

MARIE *(kommt)*
Karli!
KARL Schwesterl!
(Sie umarmen sich.)
Besser ein Schwesterl wie
gar keine Frau.
MARIE *(lächelt)*
Sau. Schön, daßd wieder da bist.
Es is so schlimm.
KARL Das sagst du, und was soll ich sagn?
MARIE Lies. Vom Leo.
KARL *(liest den Brief)*
... in eine solche Familie kann er ned hineintretn.
Als ob mir Verbrecher sein tätn.
Die Sau.
Wer is denn auf der Brennsuppn dahergeschwommen?
Er oder mir?
Der Herr Inspektorenanwärter, der Depp.
MARIE Ich war grad mit dem Peter Hutschinger bei ihm.
Er hat ihm gedroht, weil er mich liebt.
Aber der Leo geht mit der Hapfinger Fanny,
der Regierungsrat, weißt.
Und jetzt hat er keine Angst, das Schwein.
KARL Scheiße, hast das Kind noch?
MARIE Ja.
(Pause.)
KARL Das wird ein Fest.
Der Sohn unter Einbruchsverdacht,
und die Tochter ein lediges Kind.
Wie bei die Zigeuner.
MARIE Blöd is es.
KARL Ziehn mir nach Münchn.
Augsburg is verbrannte Erde für uns.
Münchn is besser.
MARIE Aber bloß Münchn, Hamburg oder Berlin.
Sonst is es überall das gleiche.
Für die Petra Schürmann is ein lediges Kind
eine billige Publicity.
Und für mich is es ein Knopf in der Zukunft.

KARL Wenn er dich liebt, soll dich der Peter heiratn.
MARIE Er sagt, er liebt mich. Er will mich auch
heiratn. Aber nicht direkt.
(Pause.)
Es ist zum Verstehn.
Er will,
sagt er, nicht
die Mutter von einem
fremdn Kind
heiratn.
Das bringt er
nicht
übers Herz.
Sagt er.
Erst muß der Leo
durch eine Heirat mit mir
gedemütigt werdn.
Sagt er.
Dann nimmt er
mich.
Dann geht
es.
KARL Verständlich.
Wo er ein Mann is,
hat er seine
Gefühle.
Was sonst.
MARIE Man müßt ihn erweichn.
Beweisn, daß es mehr is wie
Liebe, worauf er derzeit
zu wenig Wert legt.
Hörigkeit oder so.
KARL Genau.
MARIE Selbstmord.
KARL Ich geh nach München.
MARIE Wost unschuldig bist.
KARL Da kann man sich nix kaufn dafür.
Meine Tour is versaut.
Glaubst,
es gibt noch einen Kundn,
der ned weiß, was gwesn is mit mir?

»Was, Sie sitzn gar ned?« – »Nein.«
»Ham Sies ned glesn, daß es ein Irrtum war?«
»Ich hab bloß glesn, daß Sie
verhaftet sind.«
»Das andere hättns auch lesn müssn, daß mich wieder
auslassn ham. Wegen der Unschuld.«
»Na ja, es wird klein gedruckt gewesn sein,
ich seh ohne Brille ned.«
Und wenn es geglaubt wird, daß ich unschuldig bin:
Wer einmal im Verdacht war, bleibt verdächtig.
Volksmund!
Ich geh nach Münchn, wo mich keiner kennt, und fang
neu an. Das is hart, aber vernünftig.
MARIE In deim Beruf.
KARL Genau.
Ein Vertreter braucht die Anonymität.
Sonst is er unverkäuflich.

17. Schattenkabinett

PAPA *(kommt)*
Da bin ich.
Der Herr Sohn.
Findst auch wieder einmal heim,
nachdem die Schande da war.
KARL Servus, Papa!
PAPA Grüß Gott, ihr zwei.
KARL Gestern hams mich auslassn in München.
Heut bin ich da.
Schneller geht es ned.
PAPA Abend.
Ich müßt dir etwas sagen, was mir
nicht angenehm is, aber,
ich habe deine Schuldn bezahlt.
Das muß langen.
KARL Die Firma dankt.
PAPA Das is nahrhafter wie ein schlechtes Gewissn.
Ebn. Und jetz?
KARL Keine Sorgn.

Ich geh nach München.
Bald.
PAPA Es is das Beste.
Hier is deine Zeit aus.
KARL Ich weiß es.
Das is ein Empfang, wo man suchn muß.
Wo man direkt aus der Unschuld kommt.
PAPA Seit die Mama tot is,
is es ruhig in dem Haus.
KARL Mein herzliches Beileid im nachhinein.
PAPA Warst schon auf dem Friedhof?
Bestimmt nicht.
KARL Und wie.
PAPA Es is ein Trost, daß mir noch ein Plätzchen
ham kriegn können bei die Waldgräber.
Da liegt sie jetz und freut sich.
Mich legts auch dazu.
Der neue Teil vom Friedhof is trostlos.
Sie liegt auf 2 Meter 30.
Absicht.
Auf 1 Meter 80 kann noch wer kommen.
Das bin ich.
KARL Wie du willst.
Versprochen.
PAPA Schad, daßd es nicht sehn hast können.
Die Beerdigung.
Mindestens dreihundert Menschen!
Ein Festzug, sozusagen.
Angestarrt hams uns, deine Schwester und mich!
Nicht zum schildern!
Als wenn ich
der Heinz Rühmann sein tät.
Man kann es sagn, mir warn
die Sensation des Tages.
Das hast du uns angetan.
KARL Ich wasche meine Hände in triefender Unschuld!
Die Polizei is ein einziger Mord!
PAPA Wennst du nicht bekannt sein tätst in der Stadt
wie ein bunter Hund
mit deine Schulden ecetera,
wär es nicht gekommen, daß die Polizei

an dich denkt.
Die denken nur an das,
was offensichtlich is.
KARL Pech!
PAPA *(sieht den Brief)*
Ein Brief für mich?
MARIE Wiest willst.
PAPA *(liest)*
Das is sauber.
Dieses Schwein von Gottes Gnaden.
Davon weiß ich gar nix.
MARIE Und ein Kind krieg ich auch von ihm.
PAPA So!
Mit die verdammtn Saufratzn bleibt einem
nix erspart.
Die Mama hat schon recht gehabt,
die hat den bessern Teil gewählt
und is gestorbn.
Wenn nur mich der Teufel geholt hätt
statt ihr.
(Pause.)
Blöder Trampel.
MARIE Mei.
(Pause.)
PAPA Ich steh nicht gut für das Kind.
Das sag ich dir, da kannst dich drauf verlassn.
Lieber halt ich mir einen Hund!
Das is ein Kind, wo mich nix angeht.
MARIE Das mach ich schon.
PAPA Und mit was, wenn man fragn darf?
Das lebt nicht von der Liebe,
so ein Kind, sondern
vom Geld, wie andere Leut auch,
weil es ein Mensch is.
Brauchst bloß einmal hineingehn in eine
Apothekn und schaun, was das kost:
Babykost!
Aletekost fürs Kind, das braucht
es heute,
weil es alle ham,
sonst bleibt es zurück.

18. Bilanz

PETER *(kommt)*
Guten Abend miteinander!
Karli, grüß dich, alter Spezl!
Also ich hab es gleich gewußt!
Der Karli is unschuldig!
Wie ich.
MARIE Ich hab es auch gewußt.
KARL Zwei, danke.
PAPA Ich hab deine Schuldn zahlt, das langt.
217 Mark.
KARL Mersie.
PETER Ich hab mit dem Leo geredt, grade.
Mein Papa wird sein Bestes versuchn.
Aber ich weiß nicht.
Er will die Hapfinger Fanny heiraten.
Wie es ausgeht, steht in den Sternen.
Gemein war er, was es nicht gebraucht hätt.
KARL Ein Schwein.
PETER Ja.
Heiratn tut er dich nicht, soviel is vorerst klar.
(Pause.)
MARIE Und warum heiratest du mich nicht?
PETER Geh, wie kannst denn da fragn?!
MARIE Dann bring ich mich um.
(Pause.)
Nimm mich mit nach München, Karl!
KARL München is groß.
Da muß ich selber erst auf meine Füß stehn.
Dann kannst nachkommen.
MARIE Papa, wo ich deine Tochter bin.
PAPA Mit mir kann man nicht rechnen.
Ein lediges Kind seh ich nicht,
weil es für mich nicht existiert.
Erziehung!
Wer bin ich denn?
Ich kann nicht heraus aus meiner Haut.
Und Schuster is ein Handwerk,
das unbarmherzig stirbt.
Ich hab eine Annonce in die Zeitung getan,

ich heirat noch einmal.
Es muß sein.
Das Alter ruft, und ein unschuldiger Witwer,
das zieht.
 Ich denk an mich und überleb.
MARIE Ich bin dir ganz hörig, Peter,
 wennst mich nimmst,
 die Komödie wachst mir über den Kopf.
 Ganz unbarmherzig.
PETER Und was sagt mein Papa.
 So wie es steht.
MARIE Der Leonhard nimmt mich auch nicht.
PETER Schlechte Aussicht.
 (Pause.)
MARIE Dann –
PAPA – bringst du dich um.
 Das is bekannt und fad.
 Machn mir einen Skat, die Herrn?
KARL Is das nicht unbarmherzig?
PETER Warum?
 Bloß der Leo fehlt, und es geschieht ihm recht,
 und keiner muß aussetzn.
PAPA Keine Ausredn.
 Ich gib.
 (Tut es, sie fangen an, Skat zu spielen.)
MARIE Und ich?
PETER Tust kibitzn.
MARIE *(verzweifelt ab.*
 Papa, Peter und Karl spielen einige Zeit.)
MARIE *(kommt zurück)*
 Damits es wißts:
 Ich hab mich vergiftet.
 (Pause.)
 Papa,
 Karl,
 Peter,
 ich habe mich vergiftet!
 (Pause.)
 Ich hab mich wirklich vergiftet!
 (Schreit)
 Hilfe!

PAPA Mach kein Theater.
MARIE Hilfe!
   Ein Selbstmord,
   den ich nicht überleb!
   Polizei,
   Rettung!
   Anrufen sofort einhundertelf
   die Feuerwehr!
KARL Einhundertzwölf is Feuerwehr!
MARIE *(will etwas sagen,*
   bringt nichts heraus.)
PETER Zerscht mußt tot sein,
   dann glauben mir es!
   (Sie lachen.)
   (Pause.)
MARIE *(steht steif.)*

Ende

Mich selbst
erschüttert
diese Klara
gewaltig
wie sie aus der Welt
herausgedrängt
wird.

Friedrich Hebbel

DER SOLDAT

Schauspiel in 17 Szenen

Personen

WILLI RUSTORFER
EMMI RUSTORFER
HELMUT RUSTORFER
AXL RUSTORFER
HEINRICH ERL
CHRISTINE ERL
1. FRAU
2. FRAU

Das Stück spielt in einer Kleinstadt im südlichen deutschen Sprachraum. Zeit: heute.

Anmerkung
Helmut Rustorfer hat einen Fuß verloren. Eine realistische Besetzung der Rolle wäre zu wünschen. Wenn das nicht möglich ist, wird angenommen, daß Helmut eine Prothese trägt, wodurch die Rolle für jeden Schauspieler spielbar ist.

Christine und Helmut in Christines Zimmer.
Nacht. Christine im Nachthemd.
HELMUT *(nachdem sie sich geküßt haben)* Hat sich nix geändert?
CHRISTINE Das weiß ich nicht.
HELMUT Ich meine die Liebe.
CHRISTINE Anders is es schon.
HELMUT Wie anders?
CHRISTINE Das is ganz anders ebn.
HELMUT Das gewöhnt sich schon. Das is das Schicksal, dem man nicht ausweichn kann.
CHRISTINE Daß ausgerechnet du das Schicksal habn mußt, wos so viele gibt.
HELMUT Das is ebn das Schicksal. Außerdem war ich schon auch tapfer, das kannst mir glaubn.
CHRISTINE Und was hab ich davon?
HELMUT Ein tapferer Mann is doch besser wie kein tapferer Mann.
CHRISTINE Was nutzt mich denn deine Tapferkeit?
HELMUT Das is ebn so.
CHRISTINE Mir wär lieber, es wär wie vorher und du wärst nicht tapfer.
HELMUT Bist gegn die Tapferkeit?
CHRISTINE Tapfer sein is schon recht, aber passiern darf eim nix.
HELMUT Ich hab mir vorgestellt, daßd mich noch mehr liebn mußt.
CHRISTINE Da hast aber eine falsche Vorstellung von dem, was ich liebn tu.
HELMUT Is das eine Absage?
CHRISTINE Nein, aber schön is es nicht – wenn wenigstens ein Krieg gewesn wär, den du gewonnen hast. Aber einfach so, das is schwer zum Einsehn.
HELMUT Glaubst, ich hab mich darum gerissn? Glaubst, die Starfighter-Pilotn reißn sich darum, daß abstürzn und verreckn, mittn im Friedn? Im Krieg is das Sterbn schon nicht schön, aber erst im Friedn. Glaubst, das weiß ich nicht? Aber das sind ebn die Opfer, die die Verteidigung verlangt, wenns für einen Ernstfall vorbereitet sein soll.
CHRISTINE Das is mir aber wurscht.
HELMUT Außerdem war ich gar nicht so mutig, aber das sag ich nur zu dir. Im Adler sitzns noch zusammen und feiern. Ich hab mich direkt fortschleichn müssn.

CHRISTINE Wer?

HELMUT Meine Eltern und Stammgäst, dein Vater is auch drübn.

CHRISTINE Was feierns denn?

HELMUT Es hat doch in der Zeitung gestandn, daß ich heut zurückkomm, und jetz feierns das. Sie sagn, daß das eine gute Wehrmacht sein muß, wo das passiern kann. Angestoßn hams auf mich.

CHRISTINE Die ham vielleicht Nervn.

HELMUT Ich bin sowieso lieber bei dir.

CHRISTINE Mir is kalt. Jetz komm, wost schon da bist.

In der »Post«. Erl und Rustorfer am Stammtisch. Es ist Nachmittag.

HEINRICH Ich glaub, daß man sich Zeit lassn soll.

WILLI Wir kennen uns ja, Heinrich. Das is ein Glück, daß mir uns kennen.
(Pause.)
Der Axl will mir nicht länger dableibn. Das sag ich aber nur zu dir. Wo ich in der Klemme bin, will er weg, und ich weiß nicht, wie ich ihn haltn soll.

HEINRICH Der weiß genau, was er will.

WILLI Wie der Helmut zum Militär is, hat er gesagt, für die 1 1/2 Jahr kommt er, aber nicht länger. Da hab ich nicht wissn können, daß ich ihn länger brauch. In der Schweiz verdient er das dreifache, was ich ihm gebn kann.

HEINRICH Mir sind nicht die Schweiz. Da muß er ebn wieder in die Schweiz. Wenn man auf Winter- und Sommersaison geht, das verbraucht den Menschn auch.

WILLI Drum will er ja wieder weg, jetz, wo er jung is.

HEINRICH Wie lang wirds denn mit dem Helmut dauern?

WILLI Das wird nix. Der Fuß wachst nicht nach, auch wenn zehn Jahr vergehn, und eine Prothesn bleibt eine Prothesn, auch wenns aus England kommt. Wenn das nicht alles die Bundeswehr zahln tät, ich könnts nicht. Die kost 20 000 Mark. Aber weils was Spezielles is, wer ich sowieso ein Teil zahln müssn. Aber darauf kommts mir nicht an, du kennst mich. Aber ein Ober, der ein Holzfuß hat, das is trotzdem unmöglich, das kann man dem Gast nicht zumutn, verstehst.

HEINRICH Die englischn Prothesn sind doch aus Leichtmetall.

WILLI Trotzdem.
HEINRICH Ein Krüppel hat etwas Unfreundliches, das is klar.
WILLI Es geht nicht. Wenn der Axl wirklich geht, brauch ich einen Ober. Und für den Helmut hab ich keine Verwendung, das is das Unglück. Er muß einen neun Beruf lernen, aber das will er nicht.
HEINRICH Das kommt noch. Kannst es mir glaubn. Wenn sowas passiert, bist eignsinnig und willst kein Schritt abweichn vom bisherign Lebn. Die Zeit macht das aber. Ich bin froh, daß du das so einsiehst, weil da brauchn mir wegn dem Rückzieher von der Christine *(auf eine Reaktion von Willi hin)* – das is noch nicht ausgeredet, aber ich beurteil die Chansn vom Helmut nicht mehr gut. Verstehst schon.
WILLI Da sind mir beim Thema, was ich von dir wissn will. Wenn mit der Heirat noch was wird –
HEINRICH Da redt nur die Christine.
WILLI – wenn was wird mit der Heirat, bleibt bei mir in der Familie alles beim altn. Der Helmut kriegt den Adler. – Wenn aus der Heirat nix wird, woran ich zumindest denk, weil ich alles berücksichtig, kriegt den Adler der Axl. Das hab ich beschlossn.
HEINRICH Weiß der Helmut das?
WILLI Angedeutet is es. Das is nicht so einfach, wiest du das denkst. Aber es is eine wirtschaftliche Notwendigkeit. Als Familienbetrieb sind mir mit unserer Größe ohne Sorgn, auch in der Zukunft. – Der Helmut kann den Betrieb allein nicht führn, das is zuviel für ihn, mit keiner Prothesn von der Welt. – Es kommt die Zeit, wo die Emmi und ich nicht mehr mögn, weil man noch was vom Lebn habn will. Am Abend vorm Fernseher sitzn, sich um nix kümmern, verstehst schon. Aber so ein Lebensabend braucht ein Geld, damit er einer is. Und das is nur da, wenn ich auf den Adler ein Sohn von mir setz, der den Ladn allein schmeißn kann. Und wenn die Emmi nicht mehr die Küche macht, brauchts eine Frau, die was kann und was hat. – Die Aussicht laß ich mir nicht versaun.
HEINRICH Willst übergebn?
WILLI Ich bin um 10 Jahr älter wie du, Heinrich, und außerdem bin ich verheirat und du gschiedn, das is schon ein Unterschied.
HEINRICH Du übergibst noch nicht, Willi.
WILLI Ich denk an die Zukunft, verstehst, an die Zukunft. Es muß nicht morgn sein.

HEINRICH Ich sag es dir ehrlich, ich bin gegn die Heirat. Sowas geht auf die Dauer nicht gut, das sehn mir, weil mir die Erfahrung ham. Laß 5 Jahr verheiratet sein, dann geht sie ihm fremd, und wer hat die Aufregung. Mir. – Aber es ist trotzdem ihre Sache.
WILLI Ich brauch eine Entscheidung, weil ich dem Axl was sagn muß. Der laßt sich nicht hinziehn. Wenns mit deiner Tochter was is, sind Chansn da fürn Helmut. Dann hat er zwei Häuser und eine tüchtige Frau, das laßt vieles verschmerzn. Is es nix, steht er allein und ich bau auf den Axl.
HEINRICH Daß der Axl so drängt.
WILLI Der Axl nützt die Situation aus, so gut wie er kann, das is klar. Aber das beweist nur, daß er intelligent is. Red mit der Christine, das wär ein Gefalln.

In der Küche des »Blauen Adlers«. Helmut und Emmi.
EMMI Ruh dich aus, bist blaß.
HELMUT Ich will durchhaltn.
EMMI Laß dir Zeit, wo der Vater sagt, daß nicht pressiert.
HELMUT *(schweigt.)*
EMMI Hektisch bist du. Ich bring dir ein Kaffee und ein Kuchn. Mach Pause.
HELMUT Ich hab kein Hunger.
EMMI Mitm Essn kommt der Appetit.
HELMUT Ich tu den ganzn Tag nix.
EMMI Für deine Umständ tust schon viel zuviel.
HELMUT Nix tu ich.
EMMI Bist immer eignsinnig. Seitst aus dem Militär zurück bist noch mehr wie vorher.
HELMUT Ich will mich zusammenreißn, da muß man hart sein.
EMMI Das nutzt nix.
HELMUT Es nutzt schon.
EMMI Ich hol dir jetz ein Kaffee und Käsekuchn, den wost magst.
HELMUT Ich will nix. *(Er geht abrupt ab.)*
(Pause.)
EMMI Der is so eignsinnig, daß er nicht auf mich hört.
(Pause.
Willi kommt herein.)
WILLI Hab ich nicht gsagt, du sollt ihn heraußn haltn.
EMMI Wenn er nicht hört, was man sagt.

WILLI Dann muß man es ihm so sagn, daß er es hört.
EMMI Das kann man nicht sagn.
WILLI Dann muß man es können. Schaus dir doch an, wie er durchs Lokal humpelt, was das für ein Bild is. Wie die Gäst schaun.
EMMI Zufliegn kann ihm die Beweglichkeit nicht.
WILLI Ich will auch nicht, daß sie ihm zufliegt, weil ich keine Beweglichkeit von ihm brauch, wo ich den Axl hab.
EMMI Ich hab dir meine Meinung schon gesagt.
WILLI Aber ich hab recht. Wie lang dauerts denn, bis in der Umgebung heißt, beim Adler lassns den einfüßign Sohn bedienen, weil sie sich kein Ober leistn können.
EMMI Es is unser Kind.
WILLI Es is eine Blamage. Ein Fuß is immer eine Blamage, das muß er sich sein Lebn lang merkn.
EMMI Zerstör ihm nicht seine Illusion.
WILLI Wenn aber seine Illusion zuviel kostet.
EMMI Das muß er uns schon wert sein.
WILLI Er is mein Sohn, und deshalb liebe ich ihn. Das steht fest – aber soviel Liebe wie das verlangt, können mir uns gar nicht leistn. Die Gäst wolln anständig bedient sein. Deshalb kann der Helmut nicht bedienen, weil das nicht freundlich is. Er versaut die Atmosphäre, schau es dir doch an.
EMMI Er is mein Kind.
WILLI Das nutzt uns schon was, wo das klar is.

Im Wohnzimmer. Wilhelm und Helmut.
WILLI Deine Hoffnungen warn übertriebn, das rächt sich jetzt.
HELMUT Ich bin noch kein altes Eisn.
WILLI Wo ich aber einen Sohn mit zwei Füß hab, bist du ein halber Sohn sozusagn, das is klar. Ich hab es nüchtern überlegt, und jeder tät mir recht gebn. Du kannst kein Koffer tragn, du kannst nicht servirn, du kannst niemand hinausschmeißn, du kannst dich nicht durchsetzn. Ein Hotel braucht ein Mann mit zwei Füß, das weiß doch jedes Kind.
HELMUT Am erstn Tag habts mich gefeiert, wie wenn ich ein Held wär, und jetz soll ich zu schwach sein, unser Hotel zum führn.
WILLI Die anständign Leut brauchst mitm Heldntum nicht zu kommen, weil die dafür nix übrig ham. Die anständign Leut sind froh, wenns keine Heldn gibt.

HELMUT Aber die anständign Leut sind für die Bundeswehr und Atomwaffn. Aber wenns den eigenen Sohn erwischt von die anständign Leut, tuns ihn enterbn.
WILLI Ich hab nicht wissn können, daßd dir einen Fuß abfahrn laßt im Manöver. Darum hab ich dich nicht gebetn.
HELMUT Es is ein Blutopfer, das ich auch für dich gebracht hab.
WILLI Weil mich das was angeht.
HELMUT Bist doch für die Bundeswehr.
WILLI Bundeswehr muß sein, das is klar. Aber ein Invalid muß nicht sein. Das is dann ein Unglück.
HELMUT Im Lazarett hat mich ein Oberst besucht, weißt, was der gesagt hat? Ich beneide Sie, Sie sind einer der erstn Heldn der Deutschn Bundeswehr.
WILLI Und das glaubst du. Du bist ein Trottel.
HELMUT Deswegn verlang ich trotzdem eine Bezahlung für mich.
WILLI Dann fang damit nicht bei mir an. Verkauf dein Blutopfer und schau, was einbringt außer Redn, die nix kostn.
HELMUT Das is ethisch.
WILLI Dann verkaufs ethisch, das is sich gleich. Wenn man ein Charakter hat, sieht man ein, daß das nix nutzt. Wennst schon auf Opfer versessn bist, dann fühl dich als Opfer von der Allgemeinheit und laß den einzelnen in Ruh.
HELMUT Is das alles, was ich hab von meim Wehrdienst.
WILLI Wenn schon hättst wartn solln, bis ein Krieg is.
HELMUT Es war für die Heimat mit oder ohne Krieg.
WILLI Im Friedn gibts keine Heimat, sondern das Geschäft. Wenn ein Krieg is, wär es einfach. Da is alles durcheinander, da kann man euch irgendwie unterbringen. Im Friedn is der Platz enger. Außerdem hab ich dich zum Bund geschickt, damits einen Mann aus dir machen, nicht damitst ein Krüppel wirst. Das warn meine Vorstellungen von der Bundeswehr. Aber ich hab nicht gesagt: Tu dich hervorhebn beim Bund. Mitschwimmen war immer mein Rezept. Die andern vom Ort warn auch bei der Bundeswehr und sind gsund. Kein Mensch hat verlangt, daßd dich zu eim Heldn aufspielst. Ich möcht bloß wissn, wost das her hast. Von mir bestimmt nicht, weil ich hab immer die Realität im Aug gehabt.
HELMUT Willst mich übergehn.
WILLI Das Hotel braucht ein gesundn Mann, auftretn muß er können, weil das schon das Wort sagt. Der Axl kriegt es, und

du hast Wohn- und Unterhaltsrecht. Das is weitsichtig von mir, glaub mir, weil der Axl hat eine Chanse, das Hotel zum haltn, du nicht.

HELMUT Ohne das Hotel is es mit der Christine nix, um das geht es mir, daß ich die Christine und die Post hab. Mit beide Häuser soll ich untergehn, das glaubst du nie.

WILLI Da hab ich andere Vorstellungen.

HELMUT Die Christine is auf meiner Seitn, das kann ich dir beweisn.

WILLI Das wär was anderes, gegn den Strom schwimmen, das tät ich ungern.

Heinrich Erl und Christine im Büro bei der Arbeit.

HEINRICH Ich red dir niemandn aus. Aber das kann keiner von mir verlangen, daß ich dich mit offene Augn ins Verderbn rennen laß. Ich kenn mich aus.

(Pause.)

Ein ganzes Dutzend kann ich dir aufzähln, von alte Kameradn, die invalid ausm Krieg gekommen sind. Nicht ein einziger, der das überwundn hätt, nicht einer. Und geschäftlich sind sie auch nix wordn. Ein Krüppel is ebn ein Krüppel, das sagt schon das Wort.

CHRISTINE Wenn ich ihm hörig gewesn wär, tät mich sein jetziger Zustand bestimmt nicht stören, aber hörig bin ich ihm nicht gwesn.

HEINRICH Du wirst nie jemandm hörig, da paß ich schon auf.

(Pause.)

CHRISTINE Aber ein Kind krieg ich trotzdem von ihm.

(Pause.)

HEINRICH *(leise)* Seit wann?

CHRISTINE Wie er gekommen is, in der erstn Nacht. Ich glaub, er hat es mit Absicht getan.

HEINRICH So eine Sau. – Hab ich es nicht gesagt? So eine Verstümmelung is nicht nur der Körper, sondern der Charakter. Ein ledigs Kind, weil das nix is. Das tut er mir an, nur damit er dich festnageln kann.

CHRISTINE Wenn ich ihn nicht nehm, dann hab ich in sechs Monat ein ledigs Kind, das steht fest.

HEINRICH Erpressn will er mich.

In der »Post«. Helmut und Heinrich sitzen bei einem Bier.

HELMUT Bist nicht am Tisch gesessn im Adler und hast mich als ein Heldn lebn lassn?

HEINRICH Mir warn alle besoffn, das weißt doch. Frag dein Vater. Ham auf dich angestoßn, weil man es dir leicht machn wollte, diese Rückkehr.

HELMUT *(trinkt, schweigt.)*

HEINRICH Es war auch eine andere Situation. Außerdem will die Christine nicht, ich bin nur der Strohmann in der Sache, aber das willst nicht verstehn.

HELMUT Du hast es ihr ausgeredet.

HEINRICH Ich hab geschwign, wo sie mich nicht gefragt hat.

HELMUT Ich wehr mich schon, das wirst noch merkn, daß ich mich wehr. Wirst vielleicht noch froh sein, wenn ich sie nehm. Ich sag nur: Wart es ab.

HEINRICH Wennst nicht ein Krüppel wärst, tät ich dir jetz eine hineinhaun. Aber du tust mir leid.

HELMUT Weißt es schon? Hat sie es dir gesagt?

HEINRICH Ich weiß alles. Das war als eine Erpressung gedacht.

HELMUT Es war ein Zufall, der für mich spricht. Es is jetz so, daß auf mich angewiesn seids.

HEINRICH Das wern mir sehn. Vielleicht hat sie einen Abgang, wer will das jetz schon wissn?

HELMUT Willst es ihr abtreibn lassn?

HEINRICH Lieber abtreibn als dich zum Schwiegersohn. Trink dein Bier aus und geh, mir ham nix mehr zu redn.
(Er geht ab.)

HELMUT *(steht auf)* Das sagt er nur so.

Das Gastzimmer in der »Post«. Später Nachmittag, keine Gäste. Christine und Helmut sitzen am »Stammtisch«.

CHRISTINE Was tustn jetz?

HELMUT Nix tu ich.

CHRISTINE Irgend etwas muß der Mensch doch tun.
(Pause.)

HELMUT Wos mir so geht, daß ich verlassen bin.

CHRISTINE Bin ich gemeint?
(Pause.)

HELMUT Heut hab ich einen Brief bekommen wegen meiner Entschädigung.

CHRISTINE Wieviel?
HELMUT 3000 wahrscheinlich.
CHRISTINE Wenigstens etwas.
(Pause.)
HELMUT Wenn ich gewußt hätt, wies mir heraußn geht, hätt ich mich drin erschossn, weil ich da ein Gewehr gehabt hab. Aber drin is alles anders wie heraußn.
CHRISTINE Das darf man nicht sagn.
HELMUT Drin is alles anders wie heraußn.
(Pause.)
CHRISTINE Etwas muß der Mensch tun.
HELMUT *(zuckt die Achseln)* Was weiß denn ich. Es is alles ganz anders.
(Pause.)
CHRISTINE Mir wärn nicht glücklich gewordn.
HELMUT Weils dir vor mir graust.
CHRISTINE Nein, aber mir wärn nicht glücklich gewordn.
HELMUT Weils dir graust.
CHRISTINE Überhaupt nicht. Aber mir wärn trotzdem nicht glücklich gewordn. – Ohne Geld kann man nicht glücklich werdn, wenn man nix hat.
HELMUT Aus dem Axl wird nie ein guter Hotelier, weil ihm das nicht liegt. Mit einem einzign Fuß bin ich besser wie der mit hundert.
CHRISTINE Es schaut aber besser aus.
HELMUT Weil die Zeit noch zu kurz is. Wenn sich die Wunde ganz beruhigt hat, krieg ich ein Spezialprothesn.
CHRISTINE Aber das sieht man doch, daß dir jeder Schritt weh tut.
HELMUT Weils zu früh is und der Fuß gegn die Prothesn noch arbeitet. Zeit brauch ich, das is alles. Aber die Zeit dauert so lang.
CHRISTINE Bist selber schuld, daß ich nicht auch wartn kann. Hast mir ein Kind anhängen müssn, daßd mich festnagelst. Das hast jetz davon.
HELMUT Das Kind war ein Zufall.
CHRISTINE Aufpaßt hast nicht und das mit Absicht. Hast den Vater herausfordern müssn.
HELMUT An den Axl hab ich nicht auch noch denkn können.
CHRISTINE Mir wärn auch ohne den Axl nicht glücklich wordn.
HELMUT Weils dir vor mir graust. Das weiß ich jetz.
CHRISTINE Weil ich mir immer einen Mann gedacht hab, der

75

normal is. Dem nix fehlt, schon vor der Hochzeit. Das kann man schon verstehen, wenn man sich Mühe gibt.
HELMUT Andere bringen ganz andere Opfer.
CHRISTINE Ich kenn niemand.
HELMUT Jedn Tag steht was in der Zeitung.
CHRISTINE Das sind Ausnahmen.
HELMUT Ich brauch ebn eine Frau, die eine Ausnahme is.
CHRISTINE Drum wärn mir nicht glücklich gewordn, das sag ich ja, daß mir nicht glücklich gewordn wärn.
HELMUT Weilst keine Ausnahme bist.
CHRISTINE Bin ich auch nicht.

In der Küche von der »Post«. Willi, Emmi und Helmut Rustorfer.
WILLI Du brauchst einen neuen Beruf, sonst hast keine Zukunft. Ein Beruf, denst im Sitzn ausübn kannst. Machs Abitur nach, ich zahl es.
HELMUT Was tu ich denn mitm Abitur.
WILLI Ich laß dich studiern.
HELMUT Ich bin kein Student.
AXL *(kommt.)*
WILLI Was willstn?
AXL Ein Aufschnitt will einer.
EMMI Den großn?
AXL Is wurscht.
WILLI Mir ham zum redn. Hast keine Arbeit?
AXL Reds. *(Er geht ab.)*
HELMUT Warum bleibt er denn nicht da?
WILLI Mir ham zum redn.
HELMUT Recht viel nicht mehr, glaub ich.
WILLI Wennst das Abitur nicht machn willst, mußt dir was anderes überlegn, was du lernen willst.
HELMUT Ich bin Kellner.
WILLI Ein Kellner, der nicht gehn kann, is kein Kellner.
HELMUT Aber ich geh doch.
EMMI Sei doch vernünftig, Kind. Ich bin doch deine Mutter.
HELMUT Wenn nicht die Schmerzn wärn, könnt ich sogar mit der Prothesn den ganzn Tag arbeitn. Ihr sehts doch, daß es geht. Und wenn ich erst die englische Spezialprothesn hab, geh ich wie früher.

WILLI Wann is das?

HELMUT Wenn der Stumpf die endgültige Form hat, das wißts ihr doch.

WILLI Dann machn mir es so, paß auf! Wennst wieder gehst wie früher, dann bedienst wieder, aber vorher nicht mehr.

HELMUT Ich brauch die Übung.

WILLI Dann übst in deim Zimmer.

HELMUT Warum?

WILLI *(schaut seine Frau an)* Weilst in deim jetzign Zustand nicht tragbar bist im Lokal.

EMMI Willi!

WILLI Ach was, er will es ja nicht anders, als daß man es ihm sagt. *(Er geht ab.)*
(Längere Pause.)

EMMI Wo mir deine Eltern sind, das darfst nicht vergessn.

HELMUT Ich kann nicht studiern und ein Jurist oder Pfarrer werdn, weil ich ein Fuß verlorn hab. Ich bin ein Wirtssohn von euch, und darum hab ich Kellner glernt, weil ich einmal den Adler übernehm. Das is mein Lebn.

EMMI Du mußt dir Zeit lassn, Helmut.

HELMUT Wo der Vater mir keine laßt.

EMMI Du darfst nicht ungerecht sein mitm Vater. Er hat sein ganzes Lebn lang arbeitn müssn. Wart halt, bist die englische Prothesn hast, dann sieht man es schon.

HELMUT Das kann zwei Jahr dauern, bis der Stumpf sich nicht mehr verändert. Und sogar wenn die englische Prothesn da is, sieht man, daß mir ein Fuß fehlt, wenn man es sehn will. Wo das klar is. *(Er setzt sich.)* Wenn die Schmerzn nicht wärn. Was glaubst, wie ich mich zusammenreiß. Doch nicht für nix.

EMMI Uns täts nichts ausmachn, das verstehst, aber mir müssn an die Gäst denkn, das ham mir immer getan, das weißt doch von uns.

HELMUT Ich bin unappetitlich.

EMMI Der Vater is nur ein einfacher Mensch und ich auch. Mehr kann ich dir nicht sagn.
(Pause.)
Willst nicht eine Reise machn?

HELMUT Was?

EMMI Der Vater und ich ham gestern darüber gesprochn. Du wolltst doch immer nach Spanien. Eine Luftveränderung tät dir vielleicht gut.

In der »Post«. Helmut an der Theke. Christine bedient.
CHRISTINE Was kriegst nachher?
HELMUT Ein Halbe und ein Doornkaat.
CHRISTINE *(schenkt ein.)*
HELMUT Ich hab ein Grund zum kommen.
CHRISTINE *(stellt das Bestellte hin.)*
HELMUT *(trinkt den Schnaps aus, dann einen Schluck Bier.)*
CHRISTINE Noch einen?
HELMUT Einen noch. Ich komm mich nämlich verabschiedn, weil ich eine Reise mach. Spanien.
CHRISTINE Spanien. Das is schön, da möcht ich auch einmal hin. Wann fahrst denn?
HELMUT Nächste Woche. Da wollt ich mich verabschiedn.
CHRISTINE Fliegst?
HELMUT Weil das einfacher is.
CHRISTINE Ich wünsch dir dann eine gute Erholung.
HELMUT *(trinkt.)*
(Pause.)
Bauch – hast noch keinen. Hast es noch?
CHRISTINE Bist deshalb gekommen.
HELMUT Ich kümmer mich ebn um dich.
CHRISTINE Brauchts nicht.
HELMUT Is noch da?
CHRISTINE Vater! Der Helmut is da, er will sich verabschiedn.
HEINRICH *(kommt.)*
CHRISTINE Nach Spanien fahrt er.
HELMUT Nächste Woche, is mein Abschiedsbesuch.
HEINRICH Bleib nur, ich hab nix dagegn. Schenk uns zwei Jägermeister ein. Magst auch einen?
CHRISTINE Nein.
(Sie schenkt zwei Stamperl ein.)
HEINRICH Prost, auf dein Wohl und daßd ein schönes Wetter hast.
(Sie trinken.)

Auf dem Kirchplatz. Christine und Axl.
AXL Warst auch in der Kirchn?
CHRISTINE Das hast gsehn, oder?
AXL *(nach einigen Schritten zusammen)* Ich wer doch dableibn und nicht mehr in die Schweiz gehn.

CHRISTINE Was sagstn das mir?
AXL Weil man halt redt. – Wohin gehst denn?
CHRISTINE Heim.
AXL Kannst mich nicht leidn?
CHRISTINE Wer sagt denn, daß ich dich nicht leidn kann.
AXL Ich nehms halt an, daßd mich nicht leidn kannst.
CHRISTINE Wenn man sich schon nicht leidn kann, geht man sich aus dem Weg.
AXL Du bist vielleicht komisch. Wo ich dich sogar gut leidn kann. Annahmen sind das. Ich bin doch nicht mein Bruder.
CHRISTINE Was willstn dann?
AXL Du nimmst alles negativ, was man sagt.
CHRISTINE Ich bin ebn vorsichtig.
AXL Du bist wirklich vorsichtig.
(Pause.)
Kann mein Bruder noch ein Vater werdn?
CHRISTINE Was gehtn das dich an? Willst das auskundschaftn?
AXL Fragn wird man noch dürfn. Mir liegt nix dran, daß es jemand erfahrt.
CHRISTINE Gibt auch nix mehr zum erfahrn.
AXL Hast es gut überstandn, das freut mich für dich.
CHRISTINE Es war ein Irrtum, weil ich gar nicht schwanger war.
AXL Wieso ein Irrtum?
CHRISTINE Weil es ein Irrtum war.
AXL Da ls dann der Entlobungsgrund nicht mehr stichhaltig, wenn es ein Irrtum war.
CHRISTINE Die Entlobung bleibt. Kannst es dem sagn, der dich schickt.
AXL Du bist wirklich vorsichtig.
CHRISTINE Weil ich genug hab. Das kannst mir glaubn, ich bin nämlich auch nur ein Mensch.
AXL Wo ich aber doch sag, daß ich nicht mehr in die Schweiz geh.
CHRISTINE Dann bleibst da.
AXL Ich find aber unsere Beziehungen schon gespannt. Ich tät dich gern einmal einladn, wennst nix dagegn hast.
CHRISTINE Zu was denn?
AXL Zum Redn. Bist du vielleicht schwerfällig. Irgendwo fahrn mir hin, wo man uns nicht kennt, und da tun mir uns unterhaltn.
CHRISTINE Damit wo draußn, wo ein keiner kennt, ganz zufällig

auch dein Bruder hinkommt und man sich treffn muß. Ich hab gedacht, daß du anders bist. Der Helmut wär anders an deiner Stell.
AXL Du tust mich nur unterschätzn, weil mich niemand schickt.
CHRISTINE Das glaub ich.
AXL Ich bin nicht so dumm, wie du glaubst.
(Pause.)
CHRISTINE Wo sollt man sich denn treffn?
AXL Wann sperrstn morgn zu?
CHRISTINE Um halb zwölf, wenn keine Gäst da sind.
AXL Mir ham Montag sowieso Ruhetag. Ich wart um 11 an der Kreuzung im Vater sein Auto.
CHRISTINE 11 is zu früh.
AXL Wirst dich schon a bißl früher loseisn können, weil dir schon was einfalln wird.
CHRISTINE Wärst dumm, wennst mein Vertraun mißbrauchst.
AXL Ich bin nicht dumm.
CHRISTINE Morgn um 11.
AXL Ich bin da. Ein schönen Sonntag noch.

Im »Blauen Adler«. Helmut sitzt am Stammtisch bei einem Bier. Später Abend, keine Gäste mehr.
WILLI *(kommt herein, will das Licht löschen)* Wenn man sich nicht um alles kümmert. *(Er sieht Helmut.)* Saufst dich an? Saufst viel in der letzn Zeit von meim Geld. Wo ich es gut mein mit dir: Ein Krüppel bist schon, aber ein Säufer kannst noch werdn. Das is eine Warnung unter Männern.
HELMUT Ich werd schon kein Säufer.
WILLI Das ham schon viele gesagt, und dann sind sies doch wordn. Das Schicksal muß man meistern. Kriegst von überall Rückendeckung.
HELMUT Wegn einem Bier bin ich noch kein Säufer.
WILLI Man meint es gut.
HELMUT Ich werd schon kein Säufer.
(Pause.)
WILLI Man redt auch nur. Weißt schon, wannst fahrn willst?
HELMUT Das is mir gleich, wann ich fahr.
WILLI Is dir der Donnerstag recht?
HELMUT Donnerstag.
WILLI Ich veranlaß alles. Brauchst dich um nix kümmern. – Wennst

zurückkommst, schaut alles ganz anders aus, das kannst mir glaubn. – Gib mir den Kühlschrankschlüssel.
HELMUT Ich trink noch eins.
WILLI *(nimmt die auf dem Tisch liegenden Schlüssel)* Eins stell ich dir noch heraus, dann is Schluß. Mußt schlafn. Du brauchst viel Schlaf. – Gute Nacht. *(Er löscht das Hauptlicht und geht.)*
HELMUT *(trinkt.)*

Im »Blauen Adler«. Helmut sitzt am Stammtisch und ist eingeschlafn. Es ist früher Morgen. Axl kommt. (Diese Szene wird, trotz des stark dramatischen Hintergrundes, ohne Lautstärke und äußere Emotion gespielt.)
AXL Hast auf mich gewartet. Das hätt ich dir auch morgn sagn können.
HELMUT *(der gleich beim Eintreten von Axl erwacht ist)* Es hat mir keine Ruh gelassn. *(Schaut auf die Uhr)* Jetz is gleich 5.
AXL Mir warn in Regensburg. Da kannst die ganze Nacht durchmachn, das hab ich gar nicht gewußt, daß man in Regensburg die ganze Nacht durchmachn kann.
HELMUT *(schweigt.)*
AXL Sie war gar nicht schwanger. Es war ein Irrtum.
HELMUT Sagt sie das.
AXL Vielleicht is es wahr.
HELMUT Abtreibn ham sies lassn, wo das klar is. Jetz sinds in meiner Hand, weil ich sie anzeigen kann. Dann gehn mir jetz ins Bett, wo alles klar is.
AXL Das hat doch keinen Sinn, Helmut.
HELMUT Was hat keinen Sinn?
AXL Das hat doch keinen Sinn, das Anzeign.
HELMUT Warum?
AXL Weil es ebn kein Sinn hat.
HELMUT Das is meine Sach. Was hast ausgegebn?
AXL Das zahl ich selber.
HELMUT Hast was angefangen mit ihr?
AXL Du spinnst ja.
HELMUT Doch.
AXL Ich geh schlafn. Tu wasd willst.
HELMUT *(verstellt ihm den Weg)* Wost den Adler schon hast, willst bei ihr auch mein Platz einnehmen? *(Er packt ihn am Aufschlag.)* Redn sollst.

AXL Tu deine Händ weg von mir. Das mag ich nicht.
HELMUT Was habts ihr getan?
AXL Nix. Leid tuts mir, sonst nix, hör auf.
HELMUT Du Sau du. *(Er würgt Axl.)*
AXL *(gibt ihm einen Schlag, Helmut stürzt)* Angefangen hast du. *(Will ihm aufhelfen.)*
HELMUT Tu mich nicht anrühm.
AXL Aber angefangen hast du, das mußt zugebn.
HELMUT *(sich erhebend)* Du hast angefangen. Ganz am Anfang hast du angefangen. Wenn du nicht wärst, wär alles anders.
AXL Aber ich bin. Das is mein gutes Recht, daß ich bin. Aber du siehst ja niemandn mehr außer dir. Du bist nämlich ein Märtyrer und ein Held. Mir liegn auf dem Bauch vor dir. Weilst du so tapfer warst, daßd dir in eim blödsinnign Manöver im Bayrischn Wald ein Haxn hast wegfahrn lassn von eim Panzer.
HELMUT Es war Nacht. Es hat geregnet. Die Hand vor dem Gsicht hast nicht gsehn. Bis zu die Knie warn mir im Morast. Die Geschütze ham eingschlagn, daßd gmeint hast, die Welt fallt zam. Es war Angriff befohln. Da sind mir weiter, und ich war voraus. Ein paar Meter. Ich weiß auch nicht, warum. Ebn so. Da is er plötzlich aufgetaucht aus der Nacht. Er war getarnt mit Laub. Mir spritzn auseinander, und ich rutsch aus und lieg im Dreck. – Es war keine Heldntnat, das stimmt schon, das ham auch nur die andern gsagt. Aber es muß trotzdem was anders sein, als wenn ich mitm Wagn, weil ich besoffn bin, an ein Baum fahr.
(Pause.)
AXL Hast uns alle leid tan.
HELMUT Davon hab ich nix.
AXL Man muß sich nach der Decke streckn.
HELMUT Die is so schmal wie ein Strick.
AXL Weilst kein neues Lebn anfangen willst. Weilst eignsinnig bist. Ich soll dableibn und arbeitn für ein Taschngeld, bis du wieder gehn kannst. Weil so tät man ein Ober brauchn, aber der kost fünfzehnhundert im Monat, und ich bin ein Sohn.
HELMUT Ewig tät das nicht dauern.
AXL Aber so lang, bis ich den Anschluß verlorn hab, ans internationale Geschäft, Englisch und Italienisch verlern in unserm Nest und von vorn anfangen kann. Alles auf meine Kostn. Ich bin nicht dumm. Warum wendst dich nicht an die Bundeswehr, die is doch schuld und nicht ich.

HELMUT Die zahln dreitausend Mark.
AXL Weil das was is.
HELMUT Die Bundeswehr is ein Teil von der Allgemeinheit, die sie schützt.
AXL Das is aber wurscht. Ich bin nicht die Allgemeinheit und die Christine auch nicht. Was hast denn davon, wennst sie anzeigst, glaubst, dann wachst dir der Fuß wieder nach?
HELMUT Wo sie mich ausgeschlagn hat.
AXL Aber sie is jung. Und du hättst sie auch ausgeschlagn, wenn ihr bei eim Autounfall das gleiche gschehn wär.
HELMUT Sie is eine Frau.
(Pause.)
AXL Machs Abitur nach, das is mein Rat.
HELMUT Ich fahr nach Spanien am Donnerstag.
AXL Hoffentlich nutzts was.
(Pause.)
HELMUT Hast wieder ein Treffn mit der Christine ausgemacht?
AXL Überhaupt nicht.
HELMUT Wirst wieder ein Treffn mit ihr ausmachn, wenn ich nicht da bin?
AXL Das weiß ich nicht. *(Er geht ab.)* Gute Nacht.
(Pause.)
HELMUT Ich tät das Abitur doch nie schaffn, das weiß ich.

Gastzimmer im »Blauen Adler«. Es ist früher Morgen, die Vorhänge sind zugezogen. Am Fensterkreuz hat sich Helmut Rustorfer mit einem Gürtel erhängt.
Willi Rustorfer sperrt von draußen die Türe auf und tritt ein. Er geht zum Fenster, stößt dabei etwas an den Toten und reißt erschreckt den Vorhang auf. Er ist einen Augenblick starr, dann macht er mit einem Blick nach draußen instinktiv den Vorhang wieder zu und läuft zur Theke. Dort schaltet er schwaches Licht ein ...
WILLI Emmi.
EMMI *(von draußen)* Was is denn? *(Sie kommt herein.)*
WILLI Emmi schau, was da hängt. – Er hat sich erhängt. – Erhängt, wenn die anständign Leut schlafn.
EMMI *(fassungslos)* Helmut.
(Pause.)
Daß unser Sohn sich erhängt, das hätt ich nie von ihm gedacht.

WILLI Jetzt hängt er da. – Hat er sich erhängt.

EMMI Daß unser Sohn ein Selbstmörder is, das hätt ich nie geglaubt. Wo mir in der ganzn Familie nie einen Selbstmörder gehabt habn.

WILLI Hängt sich der auf. – Hängt sich mein Sohn am Fensterkreuz auf.

EMMI Wie er hängt! – Das muß ein Todeskampf gewesn sein, das war kein sanfter Tod. Muß ihm weh getan habn, dem armen Kind. Daß er das seine Eltern hat antun müssn, daß er sich aufhängt und dann dahängt vor unsere Augn wie ein Toter.

WILLI Er hängt da wie einer, der sich aufgehängt hat.

EMMI *(bricht in Tränen aus)* Das arme Kind. Hat kein Glück gehabt auf dieser Welt. Das hat er nicht verdient, lieber Gott, weil er immer ein gutes und williges Kind war, das kann ich schwörn. *(Weinend)* Tot – tot – tot.

WILLI Das ham mir nicht verdient, daß er uns das antut. – Jetzt muß ich den Flug abbuchn, sonst muß ich ihn zahln.

EMMI *(weint hemmungslos.)*

WILLI Trink einen Schnaps, dann vergehts. *(Er schenkt zwei Gläser Asbach ein.)* Was ham mir nur getan, daß mir so gestraft sind. *(Er trinkt.)*

EMMI *(trinkt ihren Schnaps)* Der Herrgott wirds schon wissn.
(Pause.)

WILLI Weil das is eine Katastrophe. In der ganzn Umgebung wissns, daß mir den Helmut enterbt ham zugunstn vom Axl. Jetzt wirds heißn, mir sind schuld an seim Tod.
(Pause.)
Aber mir sagn, der Heinrich is schuld und die Christine. *(Er schenkt sich einen neuen Asbach ein und trinkt.)* Wenn ich in Umlauf bring, daß er ihr sogar ein Kind hat abtreibn lassn, weil der Helmut der Vater gewesn wär, is der Verdacht von uns weg. Dann kann der Heinrich die Post zusperrn und sich selber ein Strick nehmen, weil nur von die Fremdn kann man nicht lebn.

EMMI Wenn das Kind noch wär, hättn mir jetz wenigstens was Kleines vom Helmut. Als Trost. Ich hätt es adoptiert.

WILLI Das is der Schmerz, Emmi.
(Pause.)
Wo er in sechs Stund an der Costa del Sol hätt aussteign könnnen.

In der »Post«. Es ist noch nicht geöffnet. Erl und Rustorfer sitzen am »Stammtisch«.

HEINRICH Ich versteh den Schock von der Sache und den damit verbundenen Schmerz. Aber daß du dich jetz gegn mich wendest, das versteh ich nicht.

WILLI Du hast die Hetzerei gegn mein Sohn angefangen.

HEINRICH Das glaubst selbst nicht.

WILLI Du bist aber sein symbolischer Mörder, weil einen Mörder braucht er, das verlangt schon die Ehre, die ich ihm noch erweisn kann.

HEINRICH Und da hast dir mich ausgesucht.

WILLI Es geht nicht anders. Du paßt. Meinen kleinen Enkel hast du auch auf dem Gewissn.

HEINRICH Bist du betrunkn, Willi?

WILLI Ich sage nur: Abgang.

HEINRICH Du bist ja blau.

WILLI Das is wurscht. Wer is in der Lage nicht blau.

HEINRICH Diese falschn Sentimentalitätn hat der Helmut jedenfalls von dir, das steht fest.

WILLI Ich hab dich gewarnt, jetz geh ich.

HEINRICH Wohin?

WILLI Ins Bräustübl. Die Leut erfahrn es ja doch, da is besser, wenn ich selbst es ihnen sag. Es tut mir leid, Heinrich, aber ich muß mich wehren.

HEINRICH Wo isn der Axl?

WILLI Daheim, bei der Emmi. – Die weint!

HEINRICH *(steht auf, geht zur Tür)* Christine!

CHRISTINE *(kommt)* Ja, Vater?

HEINRICH *(flüstert Christine etwas ins Ohr.)*

CHRISTINE *(schaut verstohlen zu Willi, der vor sich hin starrt.)*

HEINRICH Aber schnell, wenn kein Unglück gschehn soll, sagst ihm.

CHRISTINE *(nickt und verschwindet.)*

HEINRICH *(kommt zurück zum Tisch.)*

WILLI *(will aufstehn, Heinrich drückt ihn wieder nieder.)*

HEINRICH Bleib sitzn, jetz is ja eh noch niemand im Bräustübl. Mir trinkn einen. Saufst dich nüchtern.

WILLI Mir sind jetz Feinde, Heinrich, obwohl ich es nicht will.

HEINRICH Das macht nix, deswegn trinkn mir doch einen. *(Er holt Schnaps und Gläser.)*

WILLI Hast schon einmal einen hängen sehn, Heinrich?

HEINRICH Im Krieg.
WILLI Ich nicht. – Wie das ausschaut, du mußt es dir anschaun bei mir, dann verstehst du mich.
HEINRICH Trink.
(Sie trinken.)
WILLI Heinrich, daß mein Sohn mir das antut. Und der Emmi! So eine Mutter. – Stell dir vor, ich sperr das Lokal auf und will die Vorhäng aufmachn. Da stoß ich an. Ich denk, da is nix, da kannst nicht anstoßn und mach den Vorhang auf. Und da hängt mein Sohn nebn mir und is tot.
HEINRICH Hat man ihn gsehn von draußn?
WILLI Ich hab den Vorhang gleich wieder zugemacht, weil es mich geblendet hat, daß ich blind wern hätt können.
HEINRICH *(schenkt ein.)* Trink.
WILLI Gut is er.
(Sie trinken.)
WILLI Und die Emmi is daheim und weint. Die Emmi weint!
(Er beginnt selbst zu schluchzen.)
HEINRICH Trink noch einen.
*(Er schenkt ein. Sie trinken.
Christine und Axl kommen.)*
CHRISTINE Da is er.
HEINRICH Das is ein Glück, daßd da bist.
WILLI Axl, mein einziger.
HEINRICH Hat dir die Christine erzählt, was er vorhat?
AXL Ich nehm ihn mit.
HEINRICH Aber schnell. In dem Zustand is der ein offenes Messer, an dem mir uns alle den Hals aufschneidn können.
AXL Besoffn is er.
WILLI *(ist in sich zusammengesunken und kämpft mit der Erschöpfung.)*
HEINRICH Sperrts ihn ein, bis er nüchtern is. Weiß schon jemand etwas?
AXL Ich hab ihn mit der Mutter ins Bett getragn, das Lokal is schon offn, alles wie immer.
HEINRICH Das is vernünftig.
AXL Glaubst, mir sind verrückt. Er is doch nur besoffn, das gibt sich wieder.
HEINRICH War schon wer Amtlicher da?
AXL Mir wissn nicht, an wen mir uns wendn solln, ders Maul halt. Außerdem wird sich die Bundeswehr einmischn, denk ich.

HEINRICH Kennst den Dr. Klarwein?
AXL Nur vom Namen.
HEINRICH Ich kenn ihn noch aus der Nazizeit, mir ham vieles gemeinsam erlebt.
AXL Glaubst, der vertuschts?
HEINRICH Vor der Behörde kann mans nicht vertuschn, schon wegn der Bundeswehr, die kriegn doch kalte Füße, wenn so einer stirbt. Aber delikat behandeln kann man es und dafür sorgn, daß nix durchsickert. Das mach ich schon, das is es mir wert, und du kannst dich erkenntlich zeign.
CHRISTINE *(deutet auf Willi)* Jetz schlaft er.

Bei der Beerdigung auf dem Friedhof. Zwei Frauen stehen etwas abseits und sehen zu.
1. FRAU Wer isn das?
2. FRAU Der junge Rustorfer. Der wo beim Militär verunglückt is.
1. FRAU Der mit eim Fuß? Is er gstorbn?
2. FRAU An einer Embolie, hab ich ghört.
1. FRAU Traurig.
(Pause.)
2. FRAU Mein Toni muß im Herbst auch zum Barras. Am liebstn tätn mir ihn gar nicht gehn lassn, wo man das jetz weiß.
1. FRAU Das war aber eine Ausnahme.
2. FRAU Ich hab gehört, daß es ein paar tausend Invalidn gibt, seit mir die Bundeswehr ham. Und über hundert Tote. Das gibt mir schon zum denkn wegn meim Toni. Na ja, die eineinhalb Jahr wird er schon überstehn, und dann hat er seine Ruh.
1. FRAU Ausnahmen bestätign die Regel. Und was wärn mir ohne Wehrmacht in der Welt. Das hat man doch gsehn im Drittn Reich. Der Russ hätt uns längst gfressn.
2. FRAU Ebn, das is auch was wert.

Im Pissoir. Heinrich an der Latrine. Willi kommt. Sie sind im Trauerstaat. Sie stehen einige Zeit an der Latrine.
WILLI Heinrich.
HEINRICH *(schaut auf.)*
WILLI Ich war blau, verstehst.
HEINRICH Is vergessn.

WILLI Bin dir zu Dank verpflichtet. Wer mich schon revanchiern.
HEINRICH Is schon recht.
(Pause.)
Hast viele Verwandtn.
WILLI Eine Beerdigung kost immer. Da kommts mir aber nicht drauf an.
(Pause.)
HEINRICH Was ich fragn will: Soll ich die Christine zurückpfeifn?
(Pause.)
WILLI Ich hab jetz andere Sorgn, verstehst schon.
HEINRICH Ich mein die Zukunft.
WILLI Dagegn hätt ich prinzipiell nix. Warum auch.
HEINRICH Das wollt ich wissn. Weil ich auch eine Verantwortung hab. Gehn mir.

Auf dem Friedhof, Mutter am Grab. Kein Grabstein, sondern ein provisorisches Holzkreuz. Grab frisch angelegt.
MUTTER Schön. Wirklich schön angelegt. Wenn der Grabstein jetz noch da is, is noch schöner. *(Sie nimmt aus einer Einkaufstasche eine Gießkanne, holt am Brunnen Wasser und gießt.)* Daß nicht verdürrt, wos so viel kostet hat. Hoffentlich wird der Grabstein schön. Das Kreuz is häßlich. Fertig. *(Gießkanne zurück in die Einkaufstasche. Sie faltet die Hände, betet leise, dann laut:)* Herr, gib ihm die ewige Ruhe, und das ewige Licht leuchte ihm in Ewigkeit. Amen. *(Sie bekreuzigt sich, nimmt die Einkaufstasche und geht ab.)*

Ende

OBERÖSTERREICH

Ein Stück in drei Akten

Personen

ANNI
HEINZ

Zum Bühnenbild
Viele Szenen spielen in der Zwei-Zimmer-Küche-Bad-Wohnung. Sie könnte simultan aufgebaut sein. Ein anderer Schauplatz auf der Bühne könnte für alle Szenen außerhalb der Wohnung benutzt werden.

Das wäre technisch sparsam und dramaturgisch vernünftig.

Zum Dialekt
An Süddeutsch angelehnt, also relativ ungebunden und lediglich in der Grammatik sehr eigenständig bayrisch.
Keinen süddeutschen Dialekt beherrschende Schauspieler müssen die Sprache als Kunstsprache betrachten und herstellen.

Erster Akt

1. Szene

Im Wohnzimmer vor dem Fernseher. Anni und Heinz. Die Sendung ist gerade zu Ende gegangen ...

HEINZ Des wars.
ANNI Schaltn mir aus?
HEINZ Genau, wo mir »Heute« schon gsehn ham. *(Er steht auf und schaltet den Fernseher aus, macht das große Licht an.)*
ANNI Schön is wieder gwesn, gell.
HEINZ *(nickt.)*
(Pause.)
ANNI Was die jetz machn?
HEINZ Wer?
ANNI Was die jetz nach der Sendung machn, das tät mich interessiern.
HEINZ Warum?
ANNI Wo es eine Live-Sendung is.
HEINZ *(lächelt)* Genau.
ANNI Wien.
HEINZ Eine Kaiserstadt.
ANNI Einmal fahrn mir auch nach Wien, gell.
HEINZ Münchn is eine Königsstadt, aber Wien is eine Kaiserstadt, heißt es.
ANNI Und wie.
HEINZ Sieht man eh auf die Bilder.
ANNI Fahrn mir einmal nach Wien?
HEINZ Wennst es willst, das is keine Affäre.
ANNI Ebn.
HEINZ Vierhundert Kilometer. Da redt man ned drüber.
ANNI Ich möchert schon fahrn.
HEINZ Brauchst es bloß sagn.
(Pause.)
ANNI Essn gehn werdns jetz.
HEINZ In ein Nobllokal.
ANNI Genau. Da hams schon einen Tisch reserviert, und das ganze Lokal wartet natürlich nur auf sie. Auf wen denn sonst. Und

wenn die Sendung ein Erfolg war, dann werdns dementsprechend empfangen in dem Lokal.
(Pause.)
HEINZ Aber nicht allein.
ANNI Überhaupts nicht. Ein ganz großer Tisch in einem Nobllokal. Mit viele Freunde und andere sitzns bis in der Früh und feiern den Erfolg, der war. – Ich möchert schon einmal nach Wien!
HEINZ Gfallt er dir, der Schönherr?
ANNI So mein ich es ned, bloß anders.
HEINZ Weils etwas ham die zwei, was einem imponiert und mitreißt. Man vergißt sich selber ganz. Das is das Schöne daran, was Mut macht.
ANNI *(lächelt)* Genau.

2. Szene

In der kleinen Küche am Abend. Anni macht das Abendessen, Heinz schaut einen Prospekt der Gartenfirma Versand GmbH an. Anni schaut Heinz über die Schulter in den Prospekt.

ANNI Wenn mir jetz einen Gartn hättn, tät man sich einen Schwimming-pool kaufn.
HEINZ Weil es ein Sonderangebot is.
ANNI Aber schön. – Das ladet richtig ein zu einem Bad.
HEINZ Genau. – *(Liest)* Dieses Schwimmbecken mit einem Durchmesser von vier Meter fünfzig liefern wir Ihnen einschließlich Filteranlage und Steigeleiter zu dem sensationellen Preis von DeMark neunhundertfünfzig. Im Karton verpackt. – Einfachste Selbstmontage nach Anleitung. Die Filteranlage entspricht den deutschen Sicherheitsbestimmungen.
ANNI Schwimmbeckenheizungen gibt es auch.
HEINZ Genau. – *(Liest)* Lieferbar auf Anfrage.
ANNI Wenn mir uns ein Schwimmbeckn kaufn tän, weil mir einen Gartn habn, tät man auch eine Heizung brauchn.
HEINZ Die wird aber ned billig sein, die Heizung.
ANNI Nein.
HEINZ Sonst tät nämlich ned dastehn: auf Anfrage. Sonst tät ein Bild und ein Preis drin sein.
ANNI Aber wenn es ein kalter Sommer sein tät, tät man angewiesen sein auf eine Heizung.

HEINZ Dann schon. Es gibt sogar einen Springbrunnen. Schau!
(*Er blättert um.*)
ANNI Ein Schwimming-pool wär mir aber lieber.
HEINZ Nur als Beweis, was es alles gibt. (*Liest*) Heißner-Springbrunnen, die Zierde jedes Gartens. Ente aufrecht, einundvierzig Zentimeter, siebenunddreißig Mark. Ente gebückt, zweiundvierzig mal vierunddreißig Zentimeter, auch siebenunddreißig Mark. Seehund, dreiundvierzig mal vierunddreißig Zentimeter, dreiundneunzig Mark.
ANNI Einen Seehund tät man vielleicht wolln, aber eine Ente nicht.
HEINZ Nein. (*Lacht*) Keine Ente.
ANNI Jetz tust den Prospekt weg, daß ich anrichtn kann.
HEINZ Genau. Lieber gut gegessn als schlecht geträumt.
ANNI Ein Schwimming-pool is kein Traum, wo es so viele gibt, die ein habn.
HEINZ Einen Gartn braucht man dazu, das is es.
ANNI Ein Traum tät sein, wenn man sich eine eigene Insel im Meer ausdenkt.
HEINZ Eine Lagune.
ANNI Genau. (*Nimmt ihm den Prospekt weg*) Jetz wird gessn, sonst is kalt und schmeckt nimmer. (*Sie richtet an: Lauch, Rindfleisch und Bratkartoffeln.*)
HEINZ Bore.
ANNI Schmeckt wie Spargel, wo er viel billiger is.
HEINZ (*probiert*) Schmeckt!
ANNI Und ned teuer.
HEINZ Weil mir uns keinen Spargel leistn können.
ANNI Wenn der Bore genauso schmeckt und billiger is.
HEINZ Weil du kochn kannst.
ANNI Eine gute Köchin spart der Familie Geld und beschert ihr höchste Genüsse.
HEINZ So ein Schmarrn.
ANNI Wenn es so heißt.
HEINZ Schmarrn.
ANNI (*lacht.*)
HEINZ (*lächelt.
Sie essen.*)
HEINZ Aber Eignlob stinkt.
ANNI Wenn man etwas hat, braucht man sich deswegn nicht zum schämen.

HEINZ Der Johanser hat seinen neuen Manta.
ANNI Warum?
HEINZ Da hat er sich extra zwei Stundn freignommen, daß er ihn eignhändig abholn kann.
ANNI Hast ihn schon gsehn?
HEINZ Wenn er gleich damit in die Firma is.
ANNI Welche Farb?
HEINZ Zitronengelb heißt das, obwohl ich es ihm ned glaubt hab.
ANNI Schön?
HEINZ Is ein Auto der Manta. Wo er den Sechzehnhunderter hat mit achtundachtzig PeeS. Da tätn mir nimmer mitkommen, wenn es ein Wettrennen gebn tät. *(Lacht.)*
ANNI Weil unser Kadett kein schönes Auto is!
HEINZ Aber ein Massnauto und kein Vergleich. Da tät man schon einen Capri brauchn, daß man mitkommt. Der Zweitausender, der macht es.
ANNI Wo ein Auto ein Gebrauchsgegenstand is und sonst nix.
HEINZ Ned ganz.
ANNI Und was ich im Haushalt spar, weil ich Fähigkeitn hab, das gibst du für das Auto wieder aus.
HEINZ Wo das Auto uns mitnander gehört. Jeder die Hälfte.
ANNI Sag eh nix, aber vorbaun will ich.
HEINZ Wenn der Kadett nicht so ein Massnauto wär, wär er richtig.
ANNI Das ist doch gleich, wo er uns ghört.
HEINZ Wenn mir morgn beim Kegeln sind, kannst ihn dir anschaun, den Manta, wenn der Johanser auch kommt. Wo er das neue Auto hat, kommt er bestimmt. Das is natürlich.
ANNI Wenn ich dableibn␣tät, könntn die Vorhäng genäht sein.
HEINZ Die Kollegn ham auch die Fraun dabei, wo mir einmal im Monat kegln. Wie das ausschaut.
ANNI Du kannst ja sagn, daß ich bloß daheim bin, weil ich die neuen Vorhäng näh. Daß zu Ostern drauf sind.
(Pause.)
HEINZ Magst ned mitgehn?
ANNI Das Zuschaun is fad auf die Dauer.
HEINZ Und wenn ich der Beste bin?
ANNI Weil du der Beste bist. *(Nickt.)*
HEINZ Es letzte Mal hab ich fünf Mark gwonnen.
(Pause.)
ANNI Willst es unbedingt habn, daß ich mitgeh?

HEINZ Man kann niemandn zu seinem Glück zwingen.
ANNI Wennst es mir versprichst, daß du ned mehr wie zwei Maß trinkst und mir um zwölfe gehn.
HEINZ An etwas anderes is nicht gedacht.
ANNI Dann geh ich mit und näh die Vorhäng am Wochnende.
HEINZ Ebn, das lauft dir ned davon.
ANNI Is dein Fleisch ned weich? Meines schon.
HEINZ Freilich, warum denn nicht?
ANNI Weilst ned ißt.
HEINZ Ich iß schon.
ANNI Das muß auch weich sein, wo ich es extra beim Metzger kauft hab und nicht beim Tenglmann.
HEINZ Genau.

3. Szene

Am Starnberger See in einem Strandcafe auf der Seeterrasse. Anni und Heinz bei gutem Wetter und Ostern.

ANNI *(schaut auf den Nachbartisch)* Das nennt man Flambiern, gell?
HEINZ Ned so laut, sonst hört man es, daß mir es ned wissn.
ANNI Aber man nennt es Flambiern.
HEINZ Freilich. Aber wenn man es weiß, braucht man es ned erwähnen, sonst merken die andern, daß man es nicht gewohnt is, weil man so hinschaut.
ANNI Hättn mir halt auch etwas gessn, was flambiert wird.
HEINZ Die Gerichte, die flambiert werdn, sind die teuerstn, das is bekannt, weil die Schönheit ihren Preis hat.
ANNI Das Goulasch war auch gut.
HEINZ Ebn.
ANNI Obwohl man sich am Ostersonntag schon einmal eine Ausnahm leistn könnt.
HEINZ Es geht auch ned ums Leistn, sondern ums Sparn. Leistn kann man sich alles, wenn man nicht sparsam is.
ANNI Alles ned.
HEINZ Aber vieles. Und wenn man sparsam is, dann können wir uns hin und wieder etwas leistn, was man sich eigentlich nicht erlaubn könnt. Denk an den Wohnzimmerschrank mit zwölfhundertdreiundachtzig Mark.

ANNI Der reut mich nicht.
HEINZ Natürlich nicht. Das is ein bleibender Wert.
(Pause.)
ANNI Jetz redn mir nicht vom Geld, wo so ein schöner Tag is.
HEINZ Du hast angfangt.
ANNI Ich hab bloß vom Flambiern gredt.
HEINZ Und ich hab gsagt, daß das sehr teuer is, so ein Gericht mit Flambierung. Das sieht man doch.
ANNI Ja.
(Pause.)
Ich schau schon längst auf das Wasser und hab das Flambiern vergessn.
HEINZ Genau. Willst eine Dampferrundfahrt machn?
ANNI Wo der Himmel stahlblau is. *(Nickt.)*
HEINZ Ebn. Ich kann mich ja einmal erkundign, was das kost, eine Rundfahrt, und wie langs dauert.
ANNI Daß mir rechtzeitig wieder daheim sind.
HEINZ Ebn.
ANNI Aber schön könnt es schon sein, so eine Dampferfahrt. Vielleicht ein unvergeßlicher Eindruck, wo ein Ostern mit strahlender Wärme und Frühlingssonnenschein is.
HEINZ Dabei hams im Fernsehn gsagt, daß mir eine neue Eiszeit kriegn.
ANNI Warum?
HEINZ Mir gehn einer neuen Eiszeit entgegen, hat ein Metereologe gsagt.
(Pause.)
ANNI Das glaub ich nicht. *(Verneint.)*
HEINZ Ich auch nicht.

4. Szene

Im Schlafzimmer in der Nacht. Anni und Heinz beim gewöhnlichen Geschlechtsverkehr.

ANNI Bist gar nicht bei der Sach.
HEINZ Red ned.
(Pause.)
ANNI Das merkt man als Frau ganz genau.
HEINZ So wie man is, is man.

ANNI Niemand kann aus seiner Haut fahrn, aber einen gutn Willn kann man habn, wenn man will.
HEINZ Eh.
(Pause.)
ANNI Bist müd?
HEINZ Ja.
ANNI Dann lassn mir es doch gut sein. Zwingen soll man sich nicht, das verdirbt bloß die Lust.
HEINZ Genau.
ANNI Gehst außer, wennst es ned willst.
HEINZ Wo noch gar kein Genuß war.
ANNI Ich brauch keinen Genuß heute.
HEINZ Ich auch nicht.
ANNI Ebn.
(Sie gehen auseinander. Pause.)
HEINZ Wenn ein Mann seine Frau nicht befriedigen kann, kann sie nicht glücklich werdn. –?
ANNI Die glücklichn Gefühle braucht es nicht immer, das kann ich dir ganz verläßlich sagn.
HEINZ Aber es gibt Verbindungen, da is die Frau bei jedem Mal glücklich.
ANNI Das sind Ausnahmen.
(Kleine Pause.)
HEINZ Du bist keine Ausnahme.
ANNI Nein, ich nicht. Jednfalls nicht in dieser Beziehung.
HEINZ Ich auch nicht.
(Pause.)
ANNI Ausnahmen sind seltn.
HEINZ In der Firma erzähln, der neue Abteilungsleiter vom Einkauf hat einer Putzfrau von hint unter den Rock griffn, wies auf alle viere putzt hat.
ANNI Der Neue?
HEINZ Genau. Der jugoslawischn Putzfrau, die wo noch jung is und nicht häßlich. Einfach beim Vorbeigehn von hintn ein Griff genau hin. Und die hat keine Anzeige gemacht, heißt es, bei der Polizei oder Firmenleitung.
ANNI Warum?
HEINZ Was weiß man, was in einem Menschn vorgeht. Mir geht das nicht aus dem Kopf. Seit ich es weiß.
ANNI Woher weiß man es, wenn die Putzfrau keine Beschwerde gemacht hat?

HEINZ Rumgesprochn hat es sich ebn.
ANNI Wenn es niemand gesehn hat.
HEINZ Vielleicht hat es jemand gesehn und nicht weggeschaut.
ANNI Bei uns in der Abteilung is davon nix bekannt.
HEINZ Mir hat es der Johanser gesagt, auf dem Klo. Kloge-
schichten, aber wahr! Wie in der Schul, wie mir Kinder warn
und über uns die Lehrer.
ANNI Das tätn mir auch wissn.
HEINZ Aus der Luft griffn is es nicht.
(Pause.)
Verstehst?
ANNI Was?
HEINZ Daß du aufpassn sollst, wennst du dem zufällig über den
Weg laufst.
ANNI Wo ich keine Putzfrau bin.
HEINZ Im Verkauf kann das auch passiern.
ANNI Weil mir auf alle viere arbeitn, so ein Schmarrn.
HEINZ Man kann einer Frau auch unter den Rock greifn, wenns
steht.
ANNI So ein Schmarrn. Unsereiner weiß schon, was er sich schul-
dig is.
HEINZ Man redt ja bloß. Den hams mit dreitausend brutto ein-
gstellt, heißt es.
ANNI Ein Abteilungsleiter is ein Abteilungsleiter.
HEINZ Ebn, das mein ich ja.

5. Szene

Anni und Heinz beim Sonntagsspaziergang. Schönes Wetter.

ANNI Ein gschenkter Tag.
HEINZ Sonntag ebn.
ANNI Ja.

6. Szene

Am Abend im Wohnzimmer. Heinz und Anni sitzen bei einer Flasche Wein und feiern den Hochzeitstag.

HEINZ Es gibt Männer, die vergessn es.
ANNI Du nicht.
HEINZ Nein, weil ich aufpaß.
ANNI Den muß man auch feiern, einen Hochzeitstag, sonst hätt das ja alles gar keinen Sinn.
HEINZ Nein.
ANNI Is eine lange Zeit, drei Jahre, wenn man es genau nimmt.
HEINZ Kaum dreht man sich um, is ein Jahr vorbei.
ANNI Das is übertriebn. Aber wenn man glücklich und zufriedn ist, dann eilt die Zeit ebn.
HEINZ Bist glücklich?
ANNI Warum denn nicht?
HEINZ Ebn. *(Nickt.)*
(Pause.)
Was hättst denn gmacht, wenn ich dich damals nicht gnommen hätt? *(Lacht.)*
ANNI *(lacht ebenfalls)* Mei, einen andern hätt ich auch gfundn.
(Pause.)
HEINZ Laßt einem keine Freud.
(Pause.)
ANNI Warum?
HEINZ *(lächelt)* Weil man der einzige sein will, was denn sonst.
ANNI Weilst du ned der einzige bist.
(Pause.)
Bist der einzige, eh.
(Pause.)
HEINZ Aber wenn ich ned gwesn wär, wär ein anderer gwesn.
ANNI Das is immer so.
(Pause.)
HEINZ Zufall.
ANNI Zufall is es nicht, aber Bestimmung.
(Pause.)
HEINZ Illusionen braucht der Mensch.
ANNI Mir ham es soviel Illusionen, daß mir uns nicht beklagen können.
(Pause.)

So eine Obstschale hab ich mir nämlich schon lang gwünscht.
HEINZ *(nickt.)*
ANNI *(steht auf, geht in die Küche, kommt mit zwei Äpfeln und einer Zitrone zurück)* Provisorisch. *(Legt die Äpfel und die Zitrone gleichmäßig in die Schale.)*
HEINZ Grapefruit.
ANNI *(nickt, nimmt die Obstschale vom Tisch und stellt sie auf den Schrank)* Die hat noch gefehlt. *(Betrachtet sie.)*
HEINZ Ja.

Zweiter Akt

1. Szene

In der Küche am Abend. Anni hat nach dem Essen aufgeräumt. Heinz hört Nachrichten.

ANNI Gehn mir ins Wohnzimmer, weil ich dir etwas sagn muß.
HEINZ Warum?
ANNI Wirst es schon sehn.
HEINZ Zerscht den Wetterbericht.
ANNI Wenn ich es nimmer erwartn kann.
HEINZ Wennst es willst.
 *(Schaltet das Radio aus.
 Sie gehen ins Wohnzimmer.)*
ANNI Meine Mutter hätt jetz gsagt zum Papa, daß er sich hinsetzn soll, weils ihm was zum sagn hat.
HEINZ Wennst es willst.
ANNI Sitz dich hin, Heinz, ich muß dir was Wichtiges mitteiln.
 (Heinz setzt sich.)
HEINZ Feierlich.
ANNI Das is auch notwendig. Aber du darfst nicht beleidigt sein, wenn ich es dir sag.
HEINZ Bestimmt ned.
ANNI Versprich es.
HEINZ Genau, was hast angstellt.
ANNI Dreimal darf man ratn.
HEINZ Wenn mir nix einfallt.
ANNI Eine Überraschung is das beste. Außerdem wärst nie draufkommen, weil ich dich auf die falsche Fährte gesetzt hab.
HEINZ Warum?
ANNI Weil du ein Vater wirst, weil ich eine Mutter werd.
 (Pause.)
 Du und ich.
 (Pause.)
 Mir werdn Eltern, weil ich schwanger bin.
 (Große Pause.)
HEINZ Wo mir immer aufpassn mitnander.
ANNI Is das alles, was du zum sagn hast.

HEINZ Wenn es wahr is.
ANNI Einmal muß es passiert sein, wenns jetz so is.
HEINZ Seit wann?
ANNI Im zweitn Monat bin ich, sagt der Doktor.
HEINZ Bist beim Doktor gwesn.
ANNI Und wie. Mit halbe Wahrheitn tät ich nix behauptn.
(Pause.)
Ich hab eine Flaschn Sekt kauft, daß mir es feiern. Im Kühlschrank stehts.
HEINZ Wo ich keinen Sekt mag.
ANNI Sowas passiert nicht alle Tage, drum muß man es feiern.
(Pause.)
Freust dich?
HEINZ Warum denn nicht.
ANNI Dann holst den Sekt und machst ihn auf.
(Heinz tut es, Anni holt Gläser. Schweigen.)
ANNI Noch eine kleine Überraschung hab ich, die hätt ich beinah vergessen. *(Sie geht in die Küche, nimmt aus dem Kühlschrank eine Schüssel, trägt sie mit zwei kleinen Tellern ins Wohnzimmer.)* Weißt, was ich gmacht hab, zur Feier des Tages? Einen Krappnsalat, das is der Lieblingssalat von Curd Jürgens.
HEINZ Woher weißt du das?
ANNI Das is mein Geheimnis.

2. Szene

Früher Morgen. In der Küche. Heinz und Anni vor dem Zur-Arbeit-Gehen. Anni steht am Fenster. Draußen schneit es große, wässrige Flocken.

ANNI Zieh deinen warmen Pullover an, Heinz, weil es schneit.
HEINZ Es schneit, aber kalt is es nicht.
ANNI Wenn es schneit, muß es unter null Grad haben, sonst müßt es regnen.
HEINZ Nein, weil das nur vorübergehend is. Der Flugwind macht die Kälte. Wenn der Schnee ankommt auf der Erdn, dann taut er, wie man überall sehn kann.
ANNI Ja.
HEINZ Im April haltet der Schnee nimmer, das is Gesetz.

ANNI Aber wenn es doch stimmt, daß mir einer neuen Eiszeit entgegengehen.
HEINZ Heuer nimmer.
ANNI Nein.
(Pause.)
Wenn man in die Flockn schaut, kann man sich nicht konzentriern.
HEINZ Ich schon.
ANNI Weilst nicht richtig hineinschaust. Ich schau hinein und verlier die Orientierung.
HEINZ Weilst eine Frau bist.
ANNI In nächstn Winter eine Mutter. *(Lacht.)*
HEINZ Ich bin im Mai *(Pause)* – Geburtstag.
ANNI Glaubst, das vergiß ich, wos schon bald is.
HEINZ In fünf Wochn.
ANNI Ich hab mir schon eine Überraschung ausgedacht. Wirst schaun.
HEINZ Jetzt muß gangen sein, sonst kommen mir zu spät.
ANNI Genau.
(Sie ziehen sich die Mäntel an, prüfen, ob alles ausgeschaltet ist etc., gehen zur Haustür, gehen.)
Obs heut den ganzn Tag durchschneit?
HEINZ Am Abend weißt es.
ANNI Warum?
HEINZ Wenn viel Schnee is, hat es viel geschneit und sonst nicht.
ANNI Aber ob es durchgeschneit hat, weiß man deswegn nicht.
HEINZ Schaust in der Firma immer aus dem Fenster.
ANNI Da tätns mir aber was erzähln.
HEINZ Weilst neugierig bist.
ANNI Es interessiert mich halt, was passiert auf der Welt. Schnee, Sonne, Regn. Auf dem laufenden muß man sein.
HEINZ Unter der Wochn is das egal.
ANNI Wost du mit dem Auto fahrn mußt.
HEINZ Trotzdem.
ANNI Du bist ebn den ganzn Tag draußn, da merkst du die Selbständigkeit ned, die du hast. Ich schon, weil mir im Verkauf keine ham.
HEINZ *(macht die Tür hinter Anni zu.)*

3. Szene

Sonntagnachmittag. Heinz schaut Sportberichte an im Fernsehen. Anni strickt.

HEINZ Sodbrennen hab ich.
  (Pause.)
ANNI Nimmst ein Bullrichsalz, dann vergehts.
  (Pause.)
  Weilst zuviel trinkst.
HEINZ Das wer ich schon wissn, was ich trink.
  (Pause.)
ANNI Das weißt ebn ned.
  (Pause.)
  Aber ein Bullrichsalz hilft. Soll ich es dir bringen?
HEINZ Ja.
ANNI *(steht auf, legt das Strickzeug auf den Tisch, geht in die Küche, holt aus einem Schränkchen das Bullrichsalz und füllt ein Glas Wasser ab, bringt es ins Wohnzimmer.)* Da.
HEINZ *(einen Löffel suchend)* Löffel hast kein mitbracht.
ANNI Dann hab ich ihn vergessn. *(Sie geht noch mal in die Küche, bringt ein Kaffeelöffelchen.)*
HEINZ *(nimmt einen schwachen Löffel Bullrichsalz, trinkt das Wasser)* Untn. *(Er setzt sich wieder zum fernsehen.)*
ANNI *(strickt wieder weiter.)*
HEINZ *(schaut ihr zu.)*
  (Pause.)
  Strickst?
ANNI Genau.
  (Pause.)
HEINZ Hast lang nimmer gstrickt, wost mir eine Jackn versprochen hast.
ANNI *(lächelt)* Wirst es schon erwartn müssn.
  (Pause.)
HEINZ Das wird aber keine Jackn, wost strickst.
ANNI Was der alles sieht.
  (Pause.)
  Genau wird das eine Jackn.
  (Pause.)
HEINZ Klein.
ANNI Und wie! *(Lacht.)*

(Pause.)
HEINZ Werd das ein Gwand von ihm?
ANNI *(lacht)* Ich probier es. Nach der Babyvorlage. Schau her.
(Zeigt ihm den Schnitt.)
HEINZ Nett.
ANNI Und einmal was Neues. Deine Jackn kommt schon auch noch. Alles zu seiner Zeit, wo mir das jetz einen Spaß macht.
HEINZ Den Spaß soll man die Leut lassn.
ANNI Ebn. Wos eh in Sommer geht.
HEINZ Noch nicht.
ANNI Aber bald.
HEINZ Ja.
(Pause.)
ANNI Schau, das is der Rückn. *(Zeigt das Gestrickte.)*
HEINZ Ganz klein.
ANNI *(lacht)* Sehr klein. *(Strickt weiter.)*
(Pause.)
HEINZ Ein Kind tät nicht schlimm sein.
ANNI Das sag ich auch. Man muß sich bloß an den Gedankn gewöhnen, und alles is in einem andern Licht.
HEINZ Wenn man nicht tiefer bohrt.
(Pause.)
An unsere Situation muß man denkn.
(Pause.)
ANNI An was denkst?
HEINZ An unsere Situation muß man denkn.
ANNI Was du immer denkst.
HEINZ Nix.
(Pause.)
ANNI Wie der Mensch sich verändert.
HEINZ Wer?
ANNI Du.
HEINZ Weil ich mich ned hinausseh.
ANNI Deswegn braucht man sich ned verändern, bloß, weil man sich nicht hinaussieht.
(Pause.)
HEINZ Raum braucht der Mensch, das is es.
ANNI Warum?
(Pause.)
HEINZ Wenn ich studiern hätt können, ich wär schon was wordn.

(Pause.)
Glaubst?
ANNI Warum denn nicht.
HEINZ Das is es.
(Pause.)
ANNI Dann hättn mir uns aber überhaupts nie kennenglernt, wenn du studiert hättst. *(Lacht)* Studentn kenn ich überhaupts kein. Nie.
HEINZ Ich schon.
ANNI Da wärst du gar ned in Betrieb kommen, da wärst du ja – halt ganz woanders.
HEINZ Ein Ausfahrer wär ich nicht.
ANNI Bestimmt ned. Oder höchstens in die Semesterferien.
HEINZ *(lacht)* Genau!
(Pause.)
Wissenschaftler oder sowas.
(Pause.)
ANNI Aber ein anständiger Mensch kann man in jedm Beruf sein.
HEINZ Aber schön is es nicht.
ANNI Warum?
HEINZ Ich möchert etwas habn, was mir ganz allein gehört.
ANNI Was?
HEINZ Etwas Bsonders.
(Pause.)
Was Außergewöhnliches. Genau.
(Pause.)
ANNI Eine Insel im Meer? *(Lacht. Pause.)*
HEINZ Bestimmt ned. Aber wenn ich in der Früh in der Firma anfang, den Wagn start und an die Rampn fahr zum Aufladn, dann denk ich mir, da sind jetz noch dreißig nebn dir. Da müßt etwas sein, was mir ganz allein gehört, was kein anderer hat. Wegn der Erkennung, verstehst.
ANNI *(lacht)* Mich.
HEINZ Trotzdem.
(Pause.)
ANNI Mir sind der gute Durchschnitt, da muß man sich abfindn.
(Pause.)
Die Großen hams auch ned leicht.
(Pause.)
Am bestn fahrt man, wenn man zufriedn is, Heinz.

(Pause.)
Oder nicht.
HEINZ Mir is manchmal, wenn ich am Steuer sitz, oder auch im direkten Verkehr mit die Kundn, der ja persönlich sein muß, wie es heißt, als wär das gar ned ich, als wär das irgendeiner, der keine Bedeutung hat. Ich.
(Pause.)
ANNI Wenn man soviel nachdenkt wie du, das is auch schon eine Auszeichnung.
HEINZ In der Arbeit is das noch verständlich, weil man nicht mit dem Herzn dabei is.
(Pause.)
Aber manchmal, wenn mir zwei beinand sind, weil es zu die Intimitätn kommt, is wie in der Firma.
ANNI Wer?
HEINZ Man macht etwas, irgendeiner, der zufällig man selber ist, sozusagen, und des ham schon Millionen vorher gmacht, ganz genauso.
(Pause.)
Keine Persönlichkeit dahinter.
ANNI Das sagt man ned.
(Pause.)
Die Liebe ist ein Geheimnis, und das laß ich mir von niemand nehmen.
HEINZ Du glaubst ebn, daßd was Bsonders bist, bloß weilst schwanger bist. Das is ja der Irrtum.
ANNI Nein.
HEINZ Wenn es bekannt is.
ANNI In dieser Beziehung bin ich ganz anders, das merkt ein jeder, der Augn im Kopf hat.

4. Szene

Anni und Heinz in den Ehebetten. Mitten in der Nacht. Dunkel.

ANNI Zufrieden muß man sein.
(Pause.)
Unzufriedenheit is eine Krankheit, heißt es.
HEINZ Müd bin ich, sonst nix.
ANNI Und kannst nicht schlafn.

HEINZ Nein.
ANNI Ich auch ned.
(Pause.)
Dann redn mir.
HEINZ Wenn man müd is.
(Pause.)
ANNI Wenn man miteinander redn will, is man müd.
HEINZ Weil man arbeitet.
ANNI Das is normal.
HEINZ Und was nutzt uns das?
(Pause.)
ANNI Man darf die Flintn nicht ins Korn schmeißn.
(Pause.)
Daß du das so schlimm nimmst, ein Kind. Andere Leut wärn froh, wenns ein Kind kriegn tätn, die tätn weiß Gott was dafür gebn.
HEINZ Bei andere Leut is alles ganz anders.
ANNI Unbedeutend.
HEINZ Hast du eine Ahnung.
(Pause.)
So mancher andere, den mir gar ned vermutn, hat mehr Zeit, daß er sich alles genau überlegn kann, und ned erst mittn in der Nacht, weil man aufgwacht is. Wo eim der Schlaf in der Firma dann abgeht. Wo man sie am eigenen Leib nachher bezahlt, die Extratourn.
ANNI So schlimm is es auch ned.
HEINZ Aber lästig.
(Pause.)
Die Zeit zwischn der Arbeit is zu kurz. Man kommt nicht richtig zu sich die ganze Woch.
ANNI Aber das Wochnende.
HEINZ Das gilt nicht, weil das is unabänderlich.
ANNI Ich kann mich nicht beklagn.
HEINZ Man kommt nicht zu sich, auf keinen grünen Zweig.
ANNI Mittn in der Nacht.
HEINZ Aufstehn müßt man können und –
(Pause)
– soweit die Füße tragn. *(Lächelt, nickt.)*
ANNI Wohin?
HEINZ Wohin man will. Paris oder Indien und New York. Die Auswahl is groß für jemand, der die Welt noch nicht kennt.

ANNI Und mich im Stich lassn, mit dem Kind!
HEINZ Wer redt denn vom Im-Stich-Lassn. Das is doch ganz was anders. Eine Fantasie. Genauso, wie wenn ich in einem Büro arbeitn tät, als Ingenieur, wo man sich in der Früh an den Schreibtisch sitzt und geht aufd Nacht wieder heim. Unverändert.
(Große Pause.)
ANNI Du bist ganz durcheinander, Heinz.
HEINZ Überhaupts ned. Im Gegenteil. Wenn man heut, noch in dieser Nacht, erfahrn tät, daß man in einem Jahr sterbn müßert, weil man einen Krebs hat, was tät man dann?
ANNI Mir sind keine krebsige Familie, weder die deine noch bei uns daheim, sondern gsund.
HEINZ Eine Idee.
(Pause.)
Heute wär es schon zu spät. Aber morgn in der Früh gingert ich sofort auf die Bank und tät das ganze Geld abhebn –
ANNI Achthundertdreißig Mark sind drauf.
HEINZ – genau, und dann fahrertn mir nach Meran oder auf die Zugspitz aufi und – und tätn was uns gfreut.
ANNI Nach Wien.
HEINZ Eine Weltreise.
ANNI Das tät aber ned langen, das Geld.
HEINZ Alles verkaufn und Schuldn machn! Lebn!
(Pause.)
ANNI Das wär schon schön, die Zugspitz, da warn mir nämlich noch nie drobn.
HEINZ Unter anderm.
ANNI Das macht mich ganz müd, diese Fantasien.
HEINZ Weils angenehm is.
ANNI Ja.

5. Szene

In der Herrentoilette eines Gasthauses. Heinz läßt Wasser, Anni steht an der Eingangstür.

ANNI Wenn mir jetz ned sofort heimgehn, geh ich allein.
HEINZ Eine Frau hat auf dem Männerklo nix zum suchn, weil das verbotn is.
ANNI Weil man sonst ned mit dir redn kann.

HEINZ Wenn wer kommt. Und meine Frau steht da.
ANNI Da kommt niemand, da paß ich schon auf. – Jetz hast schon zehn Mark verlorn, und die Zech steht auch noch aus, wo du die fünfte Maß hast und einen Rausch.
HEINZ Man lebt nur einmal.
ANNI Ein teures Lebn, das kann man sagn! – Du hörst jetz auf.
HEINZ Mitgehangen, mitgefangen.
ANNI Wost besoffn bist. Da ham die Kollegn schon ein Einsehn. Ohne eine ruhige Hand kann man ned kegln.
HEINZ Daß nachher sagn: Er is ein Feigling. Man muß auch verliern können.
ANNI Aber ned im Rausch.
HEINZ Das wirst du wissn.
ANNI Genau weiß ich das, da brauch ich dich bloß anschaun, wiest dreinschaust.
HEINZ Einer muß verliern, so is das Spiel.
ANNI Und ausgrechnet du mußt das sein.
HEINZ Was kann der Mann dafür, wenn die Frau kein Schamgefühl hat und ins Männerklo eindringt.
ANNI Daheim hätt ich bleibn solln.
HEINZ Eine Nuttn muß das sein, wo auf ein Männerklo geht. – Da gehn eim die Augn auf.
ANNI Wenn kein anderer Mann da is als der eigene.
HEINZ Gelegenheit macht Diebe!

Dritter Akt

1. Szene

In der Küche. Anni spült ab. Heinz sitzt am Tisch. Abend.

HEINZ Wenn man ein Kind hat, hörn die Schwierigkeitn nimmer auf.

ANNI Wenn ich gwußt hätt, daß du so reagierst, hätt ich dir überhaupt nix gsagt und hätt dich einfach überrascht, wenn es soweit is. –

HEINZ Dann hätts aber ein Unglück gebn, das garantier ich dir!

ANNI Was der Mensch denkt.

HEINZ Man muß sich zum helfn wissn. Wenn ich viel Geld hab, weil ich ein reicher Mann bin, dann kann ich zehn Kinder habn, und es fällt ned ins Gwicht.

ANNI Alle können nicht reich sein, das geht nicht.

HEINZ Oder wenn ich jemand bin, vor dem unsereiner einen natürlichn Respekt habn muß, dann kann ich leicht ein Vater sein. Manchmal, wenn mir in die Firma fahrn und zu spät dran sind, dann schaut der Tourenleiter bloß und sagt kein Wort. Aber ich komm mir vor wie ein Würschtl. Und wenn ich dann denk, daß ich jetz ein Vater werdn soll, als Lieferant *(lacht)*, mit einem schlechten Gewissen wegen Zuspätkommens *(schüttelt den Kopf.)*
(Pause.)

ANNI Man muß an das Lebn glaubn, Heinz.

HEINZ *(schaut Anni lange an.)*

ANNI Ich tu es nicht, Heinz. Brauchst gar ned um den heißn Brei herumredn.
(Pause.)
Ich spür es, Heinz.

HEINZ Schmarrn.

ANNI Wenn ich mich konzentrier, spür ich es.

HEINZ Keine drei Monat. Das is so groß wie ein Frosch.

ANNI Einen Frosch spürst auch, wennst ihn in der Hand hast.

HEINZ Hast nix zum In-der-Hand-Habn.

(Pause.)

ANNI *(hochdeutsch)* Das ist ein Lebewesen so wie mir.

(Pause.)
Ich geb nicht nach.
HEINZ Weilst stur bist.
ANNI Dann bin ich ebn stur.
(Pause.)
HEINZ Zum Vatersein gehört die Reife.
ANNI Ausredn.
HEINZ Keine Ausredn. – Ich will schon ein Kind habn. Jeder will ein Kind habn, das is doch selbstverständlich.
ANNI Ebn.
HEINZ Aber nicht so. Ich will mich hinstelln können vor das Kind und sagn: Das is dein Vater, schau, auf den kannst du stolz sein, weil er etwas erreicht hat im Lebn. So soll es sein. Der is jemand.
ANNI Das kann man immer noch nachholn.
HEINZ Kann man nicht. Jetz kann ich ohne weiteres einen Kurs machn und das Abitur nachholn.
ANNI Auf einmal.
HEINZ Jeder fangt einmal an. Schau, der Beweis. *(Er holt aus seiner Tasche einen Reklameaufruf eines Fernlehrinstitutes, wo man das Gewünschte in Form von Marken auf die Antwortpostkarte klebt.)* Was hab ich draufgeklebt, von die ganzn Möglichkeitn? Abitur. *(Zeigt es)* Und jetzt wandert es in den Postkastn. Wirst es sehn. Wenn das Kind da ist, sind einem alle Hände gebundn –.
ANNI Was der fantasiert.
HEINZ Weilst du bloß die Sonnenseitn siehst.
ANNI Ich versuch, aus allem das Beste zu machen, und das is mein gutes Recht. Das laß ich mir von niemand nehmen. Überall gibt es Kinder, wohin man schaut.
HEINZ Wenn das Kind da is, is es aus mit der Arbeit für dich.
ANNI Da gibts den Mutterschutz.
HEINZ Vierzehn Tag.
ANNI Sechs Wochen. Sechs Wochn vorher und nachher.
HEINZ Das glaub ich nicht.
ANNI Schaust nach, steht alles drin im Lexikon.
HEINZ Wo?
ANNI Unter Mutterschutz.
HEINZ *(geht ins Wohnzimmer, nimmt aus dem Regal den Band ...)* Mutterschutz. *(Liest, kommt in die Küche zurück)* Mutterschutz, der arbeitsrechtliche Schutz der werdenden Mütter und Wöchnerinnen. In der Bundesrepublik Deutschland

enthält das Emgesetz vom 24.1.1952 ein Beschäftigungsverbot für die Zeit von sechs Wochen vor bis sechs Wochen nach der Niederkunft. In Klammern: Bei stillenden Müttern acht bis zwölf Wochen nach der Niederkunft.

ANNI Genau.

(Pause.)

HEINZ Und wenn die sechs Wochen vorbei sind? Ein Kind lebt lang.

ANNI Dann schaut man sich nach einer Tageskrippe um.

HEINZ In der Großstadt.

ANNI Wenn man sich anstrengt, findet man was.

HEINZ Oder nicht.

ANNI Du suchst ebn immer das Schlechteste heraus.

HEINZ Weil das eine Illusion is. Weil es viel zuwenig Krippn gibt, das weißt du genauso gut wie ich.

(Pause.)

Außerdem: Was braucht der Mensch ein Kind, wenn er es nach sechs Wochn in die Krippn gebn muß. Ein Kind hat bloß einen Sinn, wenns eine Mutter hat, ein Waisenkind kann ein jeder haben.

ANNI Dann laßt man es eben daheim. Fertig.

HEINZ Dann verdienst du aber nix mehr.

ANNI Na.

HEINZ Ich hab, wenn ich sämtliche Überstunden ausnutz, 900 Mark.

ANNI Mit einem Kind hat man Steuerermäßigung und Kindergeld von der Firma wegen der Belastung.

HEINZ Sagn mir neunhundertfünfzig, netto! Die Wohnung kostet –

ANNI Schreib es doch auf.

HEINZ Genau. Machn mir eine Bilanz und fällen einen Urteilsspruch über das Kind. *(Holt Bleistift und Zettel)* Gerechtigkeit muß sein. Zuerst die Wohnung: 385 Mark.

ANNI Licht, Gas, Wasser und Heizung – 80 Mark ungefähr. – Schreibn mir siebzig.

HEINZ Wiest es willst, wo es dein Fach is. 135 Mark Autorate, Unterhalt Auto 100 Mark im Monat rund. Das is von mir errechnet.

ANNI Genau.

HEINZ Raten für den Wohnzimmerschrank 63 Mark –

ANNI Den hätts ned braucht.

HEINZ Das hätt man vorher wissen müssn. Farbfernseher 89 Mark fünfzig und meine neue Ziehharmonika 35 Mark fünfundsiebzig.

ANNI Zigarettn.

HEINZ Ich 20, du 10. 60 Mark, 90 Mark gesamt. Kleinigkeiten, das mußt du wissen!

ANNI Kegelabend 10 Mark, Kino auch 10 Mark, Radio, Fernsehen 8 Mark 50 monatlich, HÖR ZU 4 Stück im Monat, 3 Mark 60, der Stern, bloß einmal im Monat, 1 Mark 50, Frisör für mich einmal, 12 Mark 30, Buchgemeinde 6 Mark fünfzig, 1 Kiste Bier und eine halbe Limo alle 14 Tage, also doppelt, 16 Mark, 32 Mark mit Trinkgeld. – Fertig.

HEINZ Fertig. *(Rechnet zusammen, es dauert lange. Anni fängt zu weinen an.)* Weinst. – Weinen tät ich an deiner Stell nicht.

ANNI Weil es soviel is.

HEINZ Zamrechnen. *(Rechnet weiter)* Eintausendundzweiundfünfzig Mark und 65 Pfennig genau.

ANNI Die 624-Mark-Sparen sind vergessen wordn.

HEINZ Die lassn mir jetz weg, die falln ned ins Gwicht und machen es noch komplizierter.

ANNI Genau. – Was kann man einsparen?

HEINZ Gehn mir es durch. Wohnung. Nix. Strom, Gas, Wasser, Heizung 70 Mark.

ANNI Nein.

HEINZ Genau. – Das Auto. *(Pause.)* Wenn man es verkaufen tät. *(Pause.)*

ANNI Tätst es hergebn?

HEINZ Ganz ungeschoren wird man ned herumkommen, wenn man ihn zurückgibt, weil man mehr Ratn zahln muß, als er wert is, nach Gebrauch.

ANNI Klar.

HEINZ Wo er hervorragend gepflegt is – allerdings ohne Garage –, wird man ihn und die Ratn mit 500 Mark draufzahln los sein.

ANNI Wo 800 auf dem Konto sind.

HEINZ Genau. Hundert Mark Unterhalt fallt dann auch weg.

ANNI Aber eine Monatskartn für die Straßenbahn brauchst du dann.

HEINZ Schreibn mir 30 Mark extra.

ANNI Ja.

HEINZ Der Wohnzimmerschrank kann ned zurückgegeben werden, gebrauchte Möbel sind wertlos.

ANNI Das hätt man vorher wissn müssen.
HEINZ Wo er schön is, da kann man nix sagen.
ANNI Weiter.
HEINZ Der Fernseher.
ANNI Wenn man den Schwarzweiß noch hätt, könnt man ihn zurückgebn.
HEINZ Wo er in Zahlung gangen is.
ANNI Leider.
HEINZ Kauft is kauft, da gibt es keine Gnade.
ANNI Nein. Und einen Fernseher braucht man schon.
(Pause.)
Aber wo du das Auto aufgibst, is es jetz an mir. *(Lächelt)* Der Fernseher kann zurückgegeben werden.
HEINZ Da werdn mir aber auch draufzahln.
ANNI Wieviel?
HEINZ Das muß erst festgestellt werdn. Streich mir die Rate und tun so, als tätn mir ned draufzahln.
ANNI Das gilt ned.
HEINZ Behaltn is das geringste Verlustgeschäft. Wie bei der Ziehharmonika.
ANNI Nein, die tät ich dich nie verkaufn lassn, weil das dein Hobby is, die Musik. Das braucht der Mensch.
HEINZ *(nickt)* Wo ich mich schon dran gewöhnt hab. – Zigaretten.
ANNI Ich hör auf zum rauchen, sofort.
HEINZ Ab der Geburt.
ANNI Sofort. Das is keine Kunst, wenn man weiß, was man dafür kriegt. 30 Mark weg.
HEINZ Aufhören kann ich nicht, aber es einschränken. Nicht mehr 20, sondern 15. (Rechnet) Nochmals 15 Mark weg. Bleibt 45 Mark.
ANNI Genau. Weiter.
HEINZ Kegelabend weg. Kino weg. Rundfunkgebühren, entweder – oder. Gebn mir den Farbfernseher auf? Ersatzlos und mit Verlust?
(Große Pause.)
ANNI Ja. Da hamm mir Fernsehen genug, wenn ein Kind da is, wirst es sehen.
HEINZ Genau. Rate Fernseher weg! 6 Mark Fernsehgebühren weg. 2 Mark 50 Radio bleibt! *(Pause.)* Fernsehzeitung und Illustrierte.

ANNI Weg, weg.
HEINZ Frisör.
ANNI Weg.
HEINZ Meine Frau geht zum Frisör, darauf besteh ich.
ANNI Das kann man selber viel schöner machen.
HEINZ Bitte. Buchgemeinde weg. Bier und Limo.
ANNI Weniger.
HEINZ Jawohl, die Hälfte.
ANNI Oder ganz?
(Pause.)
HEINZ Ganz! Fertig.
ANNI Wieviel bleibt?
HEINZ Ausrechnen. *(Rechnet.)*
(Pause.)
Eine komplizierte Rechnung! 451 Mark und 40 Pfennig Gewinn.
ANNI Das langt.
HEINZ Abzüge sind da: 102 Mark und 65 Pfennig Differenz zu meinem Verdienst –
ANNI Warum?
HEINZ Weil ich bloß 950 Mark verdien und du nix mehr.
ANNI Ja.
HEINZ Insgesamt warn es 1052 Mark und 65 Pfennig. Das geht, weil deine 600 Mark zu mir kommen.
ANNI Ja, ja, ausrechnen.
HEINZ Und neuer Abzug 30 Mark für die Straßenbahnkarten. *(Rechnet.)* 318 Komma 75 Mark bleiben.
(Pause.)
Viel is das nicht.
ANNI Ja.
HEINZ Für drei Personen.
ANNI Zwei und ein Baby.
HEINZ Babynahrung soll teuer sein, heißt es.
ANNI Stimmt.
HEINZ 318 Mark und 75 Pfennig für drei Personen, Verpflegung und Kleidung. *(Rechnet)* 3 Mark 54 Pfennig für jeden pro Tag.
(Pause.)
Viel is das nicht.
ANNI Nein.
HEINZ Wo man alles abgezogen hat, was einem Freude macht im Leben.

(Pause.)

ANNI Vielleicht hast du dich verrechnet.

HEINZ Rechnen mir es gemeinsam noch einmal durch. Es soll gerecht zugehn.

ANNI Ja.

2. Szene

Heinz und Anni vor einem Schaufenster mit Kinderwägen.

HEINZ 295 Mark. *(Pause.)* Ich will nicht sagn müssen: Das is dein Vater, der ein Ausfahrer is. Milka-Produkte fahrt dein Vater aus.

ANNI Mir ham es gut, Heinz.

HEINZ Aber Freiheit hab ich keine. Wenn ich frei sein␀ tät, dann tät ich ein Kind wolln. So nicht. Wie steht man da vor dem Kind? Wenn man Abteilungsleiter ist oder Inspektor, dann kann das Kind einen Stolz haben, und man is automatisch respektiert.

ANNI Weilst nicht zufrieden bist.

HEINZ Ich hab es mir so denkt: Einmal kommt der Tag, da sagt man, jetz hat man alles erreicht, jetz will man auch ein Kind habn, das es schön hat. Aber so.

ANNI Du tust ja grad so, als wenn ein Kind etwas Unmögliches wär, was sich keiner leistn kann.

HEINZ Ich hab mich nicht verrechnet, wiest weißt.

ANNI Ein Kind kostet Geld, das is klar.

HEINZ Und bewiesn.

ANNI Man schaut die Kinderwägen an und weiß es.

HEINZ Ich bin noch ned soweit. Noch will ich kein Kind habn. Später. So was muß man überlegn. Später is besser. Wenn ich das Abitur hab, redn mir weiter.

ANNI Das kann aber lang dauern.

HEINZ Laß mir Zeit. Ich brauch sie, Anni. Treibn mir es jetz ab und probiern es ein andermal. Is besser! Schau, was ein Kinderwagen kostet!

ANNI Wo ich es eh seh!

3. Szene

Auf dem Fußballplatz. Heinz und Anni.

HEINZ Es gibt eh zuviel Menschen auf der Welt.
ANNI Ein Kind is ein Kind.
HEINZ Ein Kind bringt alles durcheinander. Jetz is leicht, wos in alle Zeitungen steht.
ANNI Will aber ned abtreibn.
HEINZ Leise.
ANNI Wer hat angfangt davon?
HEINZ Weils mir keine Ruh laßt.
ANNI Kein Interesse mehr, der Mensch.
HEINZ Weilst dumm bist.
ANNI Dann bin ich ebn dumm, aber abtreibn laß ich es nicht, das kannst dir aus dem Kopf schlagn.
HEINZ Leise, hab ich gsagt.
ANNI Ich hab es leise gsagt.
HEINZ Immer noch zu laut.
ANNI Dann sind es deine Ohren.
(Pause.)
HEINZ Wo ich sogar einen Doktor hätt.
ANNI Bist krank?
HEINZ Brauchst es bloß sagn. Mit dem Kopf nicken genügt.
ANNI Hast keinen Doktor! Angeber!
HEINZ Soll ich es dir beweisen?
ANNI Das kannst du nicht, weilst du nix Unanständiges tust.
HEINZ Das is meine Sach.
(Pause.)
ANNI Ein echter Doktor?
HEINZ Ein echter. Mit einer Praxis. 100%ig. Glaubst, da␣tät ich nicht aufpassen, daß das fachmännisch gemacht wird? Da paß ich schon auf, das glaubst.
(Große Pause.)
Brauchst es bloß zulassen und es passiert. Besser wie der kann man es sich gar ned wünschen. 800 Mark kostets und is vorbei.
(Pause.)
ANNI Willst kein Vater sein?
HEINZ Doch, aber später. Jetz sieht man sich nicht hinaus.
(Pause.)
ANNI Ich␣tät mich schon hinaussehn.

HEINZ Weilst ned bis drei denkst.
ANNI Ich hab ebn ein Herz.
(Pause.)
HEINZ Glaubst, ich nicht?

4. Szene

Heinz und Anni am ganz frühen Morgen in der Wohnung. Anni weint.

HEINZ Jetz beeilst dich, oder glaubst, der Doktor hat sonst nichts zum tun?
ANNI Müssn mir pünktlich sein?
HEINZ Sonst steht man gleich in eim schlechtn Licht.
(Pause.)
Wirst sehn, wenn es vorbei is, bist selber froh. Jetz weinst, aber wenn es vorbei is, bist selber froh. Alles hat wieder die Ordnung, wos braucht. Wie mir es geplant ham.
ANNI Die Bilanz.
HEINZ Genau. Alles is zum zahln, und man überschaut es. Ich will dir nix einredn, was ich ned selber glaub, aber ein Kind is ein Faktor, wo kein Mensch überschaut. Da, ich hilf dir in den Mantel.
(Pause.)
ANNI Weilst feig bist, Heinz. *(Heinz schweigt.)* Weilst von einem Kind Angst hast, das dein eigenes is. Weilst es nicht habn willst, wost es nicht einmal gsehn hast. Vielleicht tät es dir gfalln. Das kann man doch ned wissen. Im vorhinein.
HEINZ Ein Kind is ein Kind und sonst nix.
ANNI Ebn.
(Pause.)
HEINZ Gehn mir jetz?
(Pause.)
Redn mir unterwegs weiter. Im Auto. Sonst kommen mir zu spät.
ANNI Ich fahr nicht, weil ich dableib.
(Pause.)
HEINZ Was man ausgmacht hat, muß man einhaltn.
ANNI Ich hab nix ausgmacht.
HEINZ Aber ich. Mit dem Doktor. Der wartet auf uns!

ANNI Das is mir wurscht.
  (Pause.)
  Das Kind bleibt.
HEINZ Mir kriegn aber eine Rechnung, weil mir den ausgmachtn Termin ned einghaltn ham.
ANNI Da kann man keine Rechnung kriegn, weil es verbotn is, eine Abtreibung.
HEINZ Wenn ich mit eim Doktor einen Termin ausmach und ned komm, aus eigenem Verschuldn, dann kriegt man eine Rechnung wegen verlorener Zeit. Das ist amtlich.
ANNI Aber nur, wenn es erlaubt is.
HEINZ Was man ausmacht, muß man einhaltn.
ANNI Ich nicht. Weil ich da keinen Wert drauf leg. Nachdem ich alles weiß.
HEINZ Weilst alles besser weißt und dir nix sagn laßt. Das is es.
ANNI Nein, aber Wissn macht stark. *(Zieht den Mantel aus.)*

5. Szene

Kalte, späte Nacht. Anni schläft. Heinz kommt heim.

ANNI Heinz, was is?
HEINZ Nix, schlaf.
ANNI Warum machst einen Lärm?
HEINZ Mach keinen Lärm.
ANNI Freilich, ich hör es genau.
HEINZ Spät.
ANNI Hast einen Rausch?
HEINZ Nein.
  (Pause.)
ANNI Freilich hast einen Rausch.
  (Pause.)
HEINZ Jetz is passiert.
ANNI Was?
HEINZ Jetz is passiert.
  (Pause.)
ANNI Hats einen Unfall gebn?
HEINZ Nein.
  (Pause.)
  Bloß Führerschein hab ich keinen mehr.

ANNI Nein?
HEINZ Weils ihn mir abgnommen ham.
ANNI Ja.
HEINZ Weil ich in eine Kontrolle kommen bin.
ANNI Hams dich blasen lassn? Weilst einen Rausch ghabt hast, weilst zuviel getrunkn hast, jetzt hast es, wie ich es gsagt hab.
HEINZ Überhaupts ned.
ANNI Das werdn die schon wissn.
HEINZ Blasn hams mich lassn. Und dann hams mich aufs Revier verordnet und eine Blutprobe gmacht.
ANNI Und dann?
HEINZ Da gibts noch kein Ergebnis. Die Medizin. Aber die Polizei sagt, daß es keine Chanse gibt, das sehn die schon am Blasen.
ANNI Ein Schlag des Schicksals.
(Pause.)
HEINZ Jetz is aus.
(Pause.)
Wenn man keinen Führerschein hat, kann man kein Lieferant sein.
ANNI Zamhaltn muß man dann. Jetz kommst ins Bett zu mir, das is das Wichtigste, wost zitterst, weilst frierst.
(Heinz kriecht weinend zu Anni ins Bett.)

6. Szene

Am Sonntagnachmittag. Heinz und Anni im Wohnzimmer.
Heinz übt auf seiner Ziehharmonika. Anni liest den »Stern«.

HEINZ Daß mich ins Lager versetzen für die drei führerscheinlosen Monat, hätt ich mir ned denkt.
ANNI Weilst du immer alles schwarz siehst.
(Pause.)
HEINZ *(lächelt)* Das Lager is natürlich kein Vergleich mit der Selbständigkeit auf der Tour. Weniger Geld is es natürlich auch.
ANNI Sein mir froh, daß es jetz passiert is. Jetz passiert es nimmer so schnell –
HEINZ Bestimmt ned. Aber die 400 Mark Geldstrafe sind schon schlimm.
ANNI Da kommen mir a no drüber weg, wo ich noch mitverdien und dann den Mutterschutz krieg.

HEINZ Besser jetz wie später.
ANNI Ja. *(Pause.)* Hast du das gelesen?
HEINZ Was?
ANNI »Mord aus Verzweiflung«.
HEINZ Nein, das muß ich übersehn habn.
ANNI Soll ich es vorlesn?
HEINZ Wenn es interessant is.
ANNI Interessant nicht, aber voll Spannung. *(Liest)* Mord aus Verzweiflung, Fragezeichen. In der Nähe von Linz, Oberösterreich, brachte der einunddreißigjährige Kürschner Franz M. seine Ehefrau um, indem er sie schlafend im Ehebett erschlug. Bei der Polizei sagte der Mann, der sich nach einem Nervenzusammenbruch selbst stellte, den Beamten: Ich hab es getan, weil sie schwanger war und einer Abtreibung nicht zustimmte, obwohl es gegen die Vernunft war. Er fuhr fort: Da sind mir die Nerven durchgegangen. Aber Mörder bin ich keiner, das weiß ich, weil es unabsichlich war. Der Prozeß beginnt voraussichtlich im Oktober.
HEINZ Aus?
ANNI Ja.
HEINZ Menschn gibts. Wo das Ähnlichkeit mit uns hat. Da können mir mitredn.
ANNI Schmarrn, du bist doch kein Mörder.
HEINZ Das is der Unterschied.
ANNI Ebn.
(Pause.)
Weißt, daß ich ein Los kauft hab bei der Fernsehlotterie?
HEINZ Weilst eh nix gwinnst!
ANNI Warum denn nicht? Andere gewinnen auch. *(Pause.)* Spielst mein Lieblingslied.
HEINZ Wennst es willst. Aber ned zu laut, am Sonntagnachmittag.
ANNI Die werdn schon noch schaun, die Nachbarn, wies da zugeht, wenn mir erst das Kind ham.
HEINZ Da muß man sich auch nach der Deckn streckn.
ANNI Nein. Das Kind is eine Ausnahm. Das muß anders werdn wie mir, sonst hätt das ja alles keinen Sinn. Von Anfang an. – Hoffnungsvoll.
HEINZ Soll ich oder soll ich jetz nicht?
(Anni lächelt, nickt. Heinz spielt »Wien, Wien, nur du allein«.)

WUNSCHKONZERT

Ein Theaterstück

Das Stück ist der Vorschlag zur Darstellung eines Sachverhaltes, der mir oft in Polizeiberichten aufgefallen ist:

Selbstmord vollzieht sich in vielen Fällen unglaublich ordentlich. Der Selbstmord, dessen Vorbereitungen ohne Übergang aus den täglichen und deshalb als normal erachteten Tätigkeiten heraus passieren, geschieht mit der gleichen Ordnungsliebe, gleich säuberlich, bieder und stumm-trostlos wie das Leben, das ihn verursacht hat.

Das kann viel aussagen über das Leben einiger unter uns, über ihre nichterfüllten Erwartungen, ihre aussichtslosen Hoffnungen, ihre kleinen Träume; das kann ihre Unfähigkeit dokumentieren, sich aus der Sklaverei der Produktion zu befreien, das kann zeigen, daß ihr Leben und Dahinleben dem von Arbeitstieren gleicht.

Wie Tiere projizieren diese Menschen ihre Notsituationen in ihrer Haltung im Stummsein, die ein starkes Maß an Ordnung, an Dulden, an »sich ungefragt einverstanden erklären«, an Ausnutzung und Verbietung bis zur Schwäche und zum Zusammenbruch enthält.

Würde die explosive Kraft dieser massiven Ausnutzung und Unterdrückung sich nicht, leider, gegen die Unterdrückten und Ausgenützten selbst richten, so hätten wir die revolutionäre Situation. So haben wir nur viele Fälle von kleinen, törichten Selbstmorden und Morden, die selbst wieder nur affirmativ funktionieren: die, die so weit sind, daß sie die Kraft und den Mut hätten, »ihr eigen Leben in die Waagschale zu werfen«, liefern sich selbst der Gerichtsbarkeit ihrer natürlichen Feinde aus. Damit säubern sie unfreiwillig die Gesellschaft, gegen die sie klagen. Jetzt sind sie die Angeklagten und verschwinden in den Gefängnissen oder in den Gräbern, was das gleiche sein muß.

Nur so ist es möglich, daß die unmenschliche Ordnung, in der wir leben, aufrechterhalten werden kann und wir weiter darin leben müssen.

Bühnenbild:
Die Bühne stellt naturalistisch ein möbliertes Untermietszimmer dar. Wie in vielen Altbauwohnungen üblich, kann man sich vorstellen, daß die anderen anschließenden Zimmer auch untervermietet sind. Über einen langen Gang gelangt man zur Toilette.

Das Zimmer selbst ist im Gegensatz zu den anderen Räumlichkeiten, die bildlich nur erahnbar sind, besonders säuberlich, bieder, kleinbürgerlich, ordentlich, liebevoll, freundlich und warm eingerichtet.

Für den Zuschauer wird erkennbar, daß in einem Meer von unwohnlichen Hinter- und Hinterhinterhäusern, die zum Wohnen völlig ungeeignet sind, sich jemand mit viel Liebe, Mühe und Geschmack ein Plätzchen geschaffen hat, das von der Umgebung absticht.

Natürlich ist andererseits der »Geruch« von »Neckermann« und »Kunstgewerbe« überall gegenwärtig.

Personenbeschreibung:
Fräulein Rasch ist ca. 40 bis 45 Jahre alt; schwarzhaarig, etwa 1,55 Meter groß, mit noch guter Figur, mit Ausnahme der Beine, die ziemlich dick sind und den Verdacht auf Wasser nahelegen. Ihre Gesichtsfarbe ist dunkel, von jener Bräune, die man nicht als erstrebenswert und schön empfindet, sondern schmutzig nennt. Fräulein Rasch macht einen überdurchschnittlich gepflegten Eindruck, wodurch ihre offenkundige Häßlichkeit zwar nicht ganz verborgen, wohl aber gemildert werden kann.

Vor allem ihre Kleidung verrät viel Auswahl, ist konservativ und von guter Qualität. Man erkennt, daß sie dafür viel ausgibt. Von Beruf ist Fräulein Rasch Angestellte in einer Papierwarenfabrik. In der Abteilung Schreibbedarf »betreut« sie die Briefumschläge.

Ansonsten befinden wir uns in einer Kleinstadt, und Fräulein Raschs monatlicher Nettoverdienst beträgt 615,50 DM.

Durch ihre unfreiwillige Jungfernschaft oder, was ähnlich ist, lange unfreiwillige sexuelle Enthaltsamkeit nach einem einzigen, frühen, kurzen, peinlichen und traurigen Fall von Liebe, ist Fräulein Rasch besonders anfällig für Werbung und damit Konsum; soweit ihre finanziellen Mittel das erlauben, zeigt sich das in der Einrichtung, der Kleidung und Pflege der Person deutlich.

Über die Dauer des Stückes:
Da es natürlich nicht darum geht, das Publikum zu provozieren, sondern darum, ihm Einsichten darüber zu verschaffen, wie »armselig« das Leben des Fräulein Rasch ist, muß immer darauf geachtet werden, daß die jeweiligen Tätigkeiten nicht so lange dauern, daß sie für das Publikum langweilig und damit provozierend werden. Wenn der Informationsgehalt einer Tätigkeit erschöpft ist und nur noch Wiederholung bringt, »die sich wiederholt«, sollte man abbrechen, auch wenn das das System des Stückes durchbricht: reale Zeit sei gleich Bühnenzeit. Deshalb stelle ich mir vor, daß das Stück nicht mehr als eine gute Stunde dauert.

1. Teil

An einem beliebigen Werktag kommt Fräulein Rasch nach der Arbeit, nach dem Einkaufen, gegen 18.30 Uhr nach Hause. Sie kommt in die Wohnung, sucht nach ihrer Post, findet nur eine Reklameschrift, nimmt diese, geht zu ihrer Zimmertür, schließt sie auf und tritt ein. Sie legt das Einkaufsnetz mit Lebensmitteln und einer Zeitung auf den Tisch, stellt die Handtasche auf den Stuhl, legt die Reklameschrift auf die Kredenz und schließt ihre Zimmertür.

Sie zieht ihren Mantel aus, hängt ihn über einen Kleiderbügel und an einen Haken an der Tür. Sie entfernt einen Fleck auf dem Rücken des Mantels. Dann geht sie zum Fenster, greift an die Dampfheizung, fühlt, daß sie schön warm ist. Sie zieht vorsichtig den Store beseite und öffnet das Fenster einen Spalt.

Auf dem Fensterbrett entdeckt sie etwas, das entfernt werden muß, nimmt einen Lappen von der Abflußkrümmung des Waschbeckens und reinigt gleich das ganze Fensterbrett. Sie legt den Lappen zurück und beginnt mit dem Auspacken und Einräumen der Lebensmittel in den Kühlschrank, die Kredenz und den Brotkasten. Dann hängt sie das Netz an den Nagel neben dem Ofen.

Sie zieht sich die hohen Stöckelschuhe aus und stellt sie in den Schrank. Dann zieht sie die Hausschuhe an, die neben dem Schrank stehen.

Von dem Schneiderkostüm, das sie trägt und welches sie gut kleidet, zieht sie die Jacke aus, hängt sie über einen Bügel und in den Schrank. Sie entnimmt dem Schrank eine ältere Strickweste und zieht diese an.

Dann geht sie zum Spiegel neben dem Herd beim Wasserbecken, nimmt die Ohrringe ab, die Halskette und einen Ring. Sie legt diese Schmucksachen in eine Schale auf der Kommode. Dann geht sie zurück zum Spiegel, schaut sich darin sehr lange an und richtet sich mit Kamm und Bürste die Frisur. Eine Verunreinigung der Haut, die seit dem Morgen stärker geworden ist, wird genau begutachtet, und nachdem sie sich die Hände gewaschen hat, wird diese Stelle mit einer Creme eingeschmiert.

Dann bedient sie den Gasherd und setzt Wasser zum Geschirrspülen auf. Das Geschirr selbst ist wenig. Als Wasserstelle dient ihr das geräumige Waschbecken, das aber nur kaltes Wasser liefert. Sie benutzt es für sämtliche Arten von Waschungen, reinigt es deshalb nach jedem Vorgang besonders gründlich.

Sie geht zum Fernseher in der Ecke und schaltet ihn ein. Dann setzt sie sich an den Tisch, nimmt von der Kredenz die Reklameschrift herunter und öffnet sie. Sie liest sie genau und legt sie dann beiseite. Aus ihrer Handtasche auf dem Stuhl nimmt sie Zigaretten Marke »Lord Extra« und ein Feuerzeug und zündet sich eine an. Inzwischen ist der Fernseher warm geworden, und sie schaut hin. Es ist Werbeprogramm oder eine andere Vor-Acht-Sendung. Langsam und aufmerksam raucht sie dabei ihre Zigarette. Dann legt sie diese in den Aschenbecher, der auf der Kredenz steht, geht zur Kommode und nimmt die darauf liegende Fernsehzeitung. Sie geht zurück zum Tisch, legt die Zeitung ab, holt von der Kredenz den Aschenbecher und die brennende Zigarette, nimmt die Handtasche vom Stuhl, stellt sie ins Eck der Kredenz.

Sie setzt sich wieder, blättert in der Fernsehillustrierten und schaut nach, was es an diesem Abend geben wird. Sie zieht zum letzten Mal an der Zigarette und macht sie vorsichtig aus.

Sie steht wieder auf, geht zum Ofen und macht das Gas aus. Sie geht zurück zum Tisch, bleibt stehen und blättert eine Seite der Illustrierten um, zum Radioprogramm. Sie studiert es, geht schließlich zum Fernseher und macht ihn aus. Sie schaut auf ihre Armbanduhr und nimmt sie ab, legt sie zu den anderen Schmucksachen. Sie nimmt die Illustrierte, schließt sie und legt sie zurück an ihren Platz.

(Anmerkung: In Bayern gibt es am Mittwochabend um 19.15 Uhr die Sendung »Sie wünschen?« mit Fred Rauch, die sich vor allem, wenn sie speziell Unterhaltungsmusik und Schlager bringt [jeweils abwechselnd einmal Schlager und Unterhaltung, einmal Operette, einmal Oper] besonderer Beliebtheit erfreut. Insofern ist es gerechtfertigt, daß Fräulein Rasch ein uninteressantes Fernsehprogramm weniger interessiert als die beliebte Radiosendung. Im außerbayrischen Raum muß eine adäquate Sendung gefunden werden.)

Dann bindet sie sich eine Schürze um, läßt zuerst kaltes Wasser in das Becken und schüttet dann heißes nach. Sie nimmt die zusammengestellten Geschirrstücke von der kleinen Anrichte und wäscht schnell und gekonnt ab.

Anschließend trocknet sie das Geschirr ab und räumt es in die Kredenz. Einen flachen Teller und ein Besteck stellt sie auf den Tisch für das Abendessen. Sie läßt das Wasser aus dem Becken laufen und säubert es dabei sehr genau. Dann wäscht sie sich die Hände und kremt sie ein. Aus dem Eisschrank nimmt sie mehrere

Dinge, die sie auf den Tisch stellt. Da sie mittags in der Betriebs-Kantine warm essen kann, wird das Abendessen wenig sein und nur etwas Kaltes.

2. Teil

Sie geht zum Radio und stellt es an. Dann geht sie zum gedeckten Tisch und setzt sich. Sie streicht sich ein Brot. Mit einer Fingerbewegung macht sie sich klar, daß sie etwas vergessen hat.

Sie steht wieder auf und entnimmt dem Kühlschrank eine Flasche Fruchtsaft. Sie holt ein Glas aus der Kredenz, schüttet Fruchtsaft hinein und füllt es mit Wasser auf. Dann stellt sie das Glas zu den anderen Sachen auf den Tisch. Den Fruchtsaft stellt sie sofort wieder in den Kühlschrank zurück. Dann setzt sie sich und beginnt zu essen.

Sie ißt bedächtig, richtet sich jedes Brot sehr liebevoll, garniert es. Sie hört sichtbar auf das Wunschkonzert und lacht, wenn Fred Rauch einen Spaß macht. Mit kleinen Schlucken trinkt sie den Fruchtsaft.

Nach dem Essen legt sie die Sachen säuberlich zusammen, packt Butter und Wurst wieder zusammen, schließt die Gläser mit den Zutaten. Dann zündet sie sich eine Zigarette an und raucht diese, ohne etwas anderes zu tun, ganz aus.

Dann steht sie auf, räumt den Tisch ab, stellt alles wieder an den angestammten Platz zurück. Das Geschirr, einen Teller, eine Gabel und ein Messer stellt sie auf die Anrichte.

Sie verläßt das Zimmer und geht auf die Toilette. Es dauert ziemlich lange, bis sie sich den After putzen kann. Auch das geschieht sehr ordentlich und so pedantisch und hygienisch wie nur denkbar. Sie zieht an der Leitung und putzt säuberlich die Muschel mit der danebenstehenden Bürste aus. Sie öffnet das Toilettenfenster einen Spalt.

Sie kommt in ihr Zimmer zurück und wäscht sich die Hände, anschließend geht sie zum Radio und korrigiert eine Tonstörung, die inzwischen eingetreten ist. Sie beschäftigt sich eingehend damit, die optimale Klangschärfe herzustellen.

Sie geht zum Spiegel zurück und besieht sich die Stelle, die sie zu Anfang eingeschmiert hat. Sie fingert daran herum und reibt die Stelle neuerlich mit einer Creme ein.

Dann nimmt sie vom Ofen das restliche Wasser und schüttet es in das Becken. Sie läßt noch etwas kaltes dazulaufen. Sie geht zum Schrank und entnimmt ihm Seidenstrümpfe, die sie in das Becken tut und wäscht.

Sie legt ein Handtuch, das sie von der Stange neben dem Becken weggenommen hat, über die Stuhllehne des zweiten Stuhls und legt die Strümpfe sehr vorsichtig zum Trocknen darüber.

Während sie das Wasser wieder ablaufen läßt, putzt sie das Becken aus. Dabei macht sie einige Tanzschritte, durch die Musik animiert. Dann verläßt sie das Zimmer, um auf der Toilette das Fenster zu schließen, und kommt zurück.

3. Teil

Vom großen Schrank nimmt sie einen fast fertigen, selbst zu knüpfenden Teppich herunter. Sie breitet ihn über die Lehne des anderen Stuhls und betrachtet ihn. Sie zupft etwas daran herum. Dann räumt sie den Tisch total ab. Sie stellt den Aschenbecher zurück auf die Kredenz, die Zigaretten und das Feuerzeug stellt sie dazu. Sie trinkt den letzten Schluck Fruchtsaft und stellt das Glas auf die Anrichte.

Dann legt sie den Teppich auf den Tisch. Unter dem Sofa holt sie ein schweres Stück Eisen hervor und legt es so auf den Kopf des Teppichs, daß er nicht mehr rutschen kann. Sie geht wieder zum Schrank und nimmt ein Holzkästchen herunter, stellt es auf den Tisch, dann geht sie zur Kredenz, öffnet eine Schublade und nimmt die Knüpfvorlage heraus. In der anderen Schublade befindet sich die Schere, die sie ebenfalls holt.

Sie richtet sich alles her und schaltet die Stehlampe ein. Sie prüft die Lichtverhältnisse und entschließt sich, auch noch das große Licht einzuschalten. Dazu betätigt sie den Schalter neben der Tür.

Sie setzt sich auf den anderen Stuhl, rückt ihn mehrmals zurecht und beginnt, nachdem sie alles geordnet hat, aus dem Kästchen die Wolle und die Nadeln zu nehmen.

Sie schaut die Vorlage genau an, breitet sie aber nicht voll aus, zählt die Knoten ab, fädelt ein, richtet sich alle Nadeln her und beginnt zu knüpfen.

Sie arbeitet sehr sorgfältig, sehr genau und geschickt. Immer dann, wenn sie eine Farbe dem Muster entsprechend ganz geknotet hat, legt sie die Nadel weg und schneidet mit der Schere die Schlaufen auf, dann schneidet sie die Überhänge weg. (Man besorge sich bei der Inszenierung die genaue Heimarbeitsanleitung für Teppichknüpfen!)

Später steht sie auf und setzt erneut Wasser auf. Danach arbeitet sie weiter. Als das Wasser kocht, entnimmt sie der Kredenz einen Beutel »Fix-Butte« und die Teekanne und richtet sich den Tee. Sie stellt ihn auf die Anrichte, holt eine Tasse und stellt sie daneben. Dann arbeitet sie weiter.

Nach einiger Zeit, wenn der Tee gezogen hat, schenkt sie sich eine Tasse ein, holt Zucker aus der Kredenz, rührt ihn in den Tee und nimmt die Tasse mit zum Tisch. Aus der Kommode holt sie eine Schachtel Kekse, die sie auch auf den Tisch neben den Teppich stellt.

Sie arbeitet weiter, ißt zwei oder drei Kekse, trinkt die Tasse Tee und holt sich eine zweite, wenn die erste leer ist.

4. Teil

Allmählich beginnt das Interesse an der Arbeit sichtlich abzuflauen. Sie blickt sehr oft auf, sie vergleicht unverhältnismäßig lange die Vorlage und ihre Arbeit. Sie hört auf zu arbeiten, holt sich die Zigaretten, das Feuerzeug und den Aschenbecher von der Kredenz, stellt die Dinge auf den Tisch. Sie setzt sich und raucht, ohne zu arbeiten, eine Zigarette.

Sie wirkt jetzt müde, abgespannt und irritiert. Sie steht auf, nimmt die Armbanduhr aus der Schale, schaut, wie spät es ist. Sie geht zum Radio und stellt es etwas leiser. Dann setzt sie sich wieder und arbeitet weiter, langsamer, aber immer noch geschickt. Sie steht wieder auf, nimmt die Teetasse, die leer ist, stellt sie auf die Anrichte. Sie läßt Wasser in die Teekanne laufen, spült sie, wirft den gebrauchten Teebeutel in den Abfalleimer unter der Anrichte.

Sie holt den Aschenbecher, leert ihn in den Eimer, wischt ihn mit einem Tuch aus und stellt ihn auf die Kredenz. Dann geht sie zum Spiegel und betrachtet sich darin. Sie scheint mit sich zufrieden zu sein.

Sie geht wieder zum Tisch und setzt sich. Sie betrachtet genau die Vorlage, zählt ab und arbeitet dann sehr korrekt und schnell weiter, so lange, bis der Teppich fertig ist. An nichts ist zu erkennen, daß der Teppich fertig ist, wenn er fertig ist. Sie schließt die Nadeln in dem Kästchen ein, legt die Vorlage zusammen, legt die Schere dazu, dann steht sie auf und betrachtet den Teppich von weitem. (Zu einem Wandteppich von etwa 45 mal 70 cm braucht man bei täglich einer Stunde Arbeit ca 1 1/2 bis 2 Monate.) Sie lächelt, nimmt den Teppich und breitet ihn über der Längsseite des Sofas an der Wand provisorisch aus. Sie geht möglichst weit weg und betrachtet lange und kritisch ihr Werk. Sie ist zufrieden.

Liebevoll nimmt sie den Teppich und legt ihn auf den anderen Stuhl, ohne ihn zusammenzufalten.

Dann beginnt sie mit dem Aufräumen der Dinge auf dem Tisch, sie tut sie in der gleichen Reihenfolge zurück, wie sie sie geholt hat.

Wenn sie damit fertig ist, betrachtet sie wieder sehr ausführlich und erfreut den fertigen Wandteppich und zupft noch einmal daran. Allerdings macht das Zupfen nur, daß sie fast ängstlich schaut, ob sie auch nichts verdorben hat.

5. Teil

Fred Rauch verabschiedet sich, die Sendung ist zu Ende. Deutlich erkennt man, daß Fräulein Rasch mitdenkt. Sie schaltet, noch bevor eine neue Sendung angesagt wird, das Radio aus.

Sie geht zum Fenster und öffnet wieder vorsichtig den Store, dann blickt sie zum Fenster hinaus. Schließlich schließt sie es und zieht auch die Vorhänge so korrekt zu, daß niemand mehr hereinschauen kann.

Schließlich richtet sie noch für den nächsten Tag den Tisch zum Frühstück her. Am Eierbecher etc. kann man erkennen, daß sie sich zum Frühstück Zeit lassen wird.

Dann macht sie aus der Couch ein Bett. (Am besten eine Klappcouch mit dem Bettzeug in dem Kasten darunter.)

Das Ritual der Körperpflege beginnt. Diese reicht vom Aufwikkeln der Haare bis zur Fußpflege, vom Intimspray bis zum Zähneputzen. Alles das wird unheimlich gründlich gemacht.

Die abgelegte Wäsche unterzieht Fräulein Rasch einer genauen Kontrolle. Sie beschließt, die Unterhose zur schmutzigen Wäsche in einen Wäschesack im Schrank zu legen und für den nächsten Morgen eine frische herauszunehmen. Auch ein anderes Kostüm sucht sie sich für den nächsten Tag aus. Alles wird säuberlich an der Außenwand des Schrankes aufgehängt, die persönlichen Kleidungsstücke werden auf die freie Sitzfläche des Stuhles gelegt. Alle abgelegten Sachen tut sie zurück in den Schrank, um sie wieder ausgehängt benutzen zu können.

Dann holt sie zwischen dem Bettzeug ein warmes, hübsches Nachthemd hervor und zieht es an. Darüber einen Morgenmantel. Dann geht sie auf die Toilette. Diesmal muß sie nur urinieren, trotzdem trocknet sie sich säuberlich mit Klopapier den Schoß und öffnet wieder das Fenster einen Spalt. Sie kommt zurück, wäscht sich nochmals die Hände.

Dann beginnt der Kontrollgang; sie sperrt die Zimmertür doppelt ab, schaut genau, ob das Gas abgeschaltet ist, ob der Abfalleimer geschlossen ist, ob das Wasser nicht tropft. Dann öffnet sie mit viel Sorgfalt wieder das Fenster, braucht lange, bis es im gewünschten Öffnungswinkel steht und Luft herein kann, obwohl sie den Vorhang wieder zuzieht.

Dann richtet sie sich ihr provisorisches Nachtkästchen. Ein mit Stoff ganz überzogener Hocker wird aus der Ecke der Stirnseite der Couch neben das Bett gerückt.

Darauf befindet sich ein Wecker, ein Buch, ein leeres Glas und der »Stern«.

Sie nimmt das leere Glas, spült es aus, füllt es mit frischem Wasser und stellt das Glas wieder an seinen Platz.

Dann setzt sie sich auf die Bettkante, nimmt den Wecker, zieht ihn auf und stellt ihn auf sechs Uhr. Sie probiert, ob er funktioniert und stellt ihn dann befriedigt hin.

Es dauert nicht lange, und sie steht wieder auf. Sie schaltet das große Licht aus, überschaut noch einmal den Herd, zieht den Bademantel aus, legt ihn über das Fußende des Bettes. Dann legt sie sich ins Bett. Sie ist dabei sehr vorsichtig und liegt nicht bequem, denn die Lockenwickler müssen ja berücksichtigt werden.

Sie nimmt das Buch zur Hand, sucht das Lesezeichen, findet es, liest aber nicht, sondern starrt vor sich hin. Das dauert ziemlich lange. Dann legt sie das Buch weg, blickt noch einmal im Zimmer umher und löscht das Licht.

Zuerst liegt sie ganz ruhig, dann dreht sie sich vorsichtig um, wegen der Lockenwickler, und versucht zu schlafen.

Schließlich macht sie eine äußerst unruhige Bewegung im Bett und schaltet dann das Licht an. Sie steht auf, zieht wieder den Morgenmantel an, sperrt ihre Türe auf und geht zur Toilette. Das alles äußerst leise. In der Toilette schließt sie das Fenster. Sie geht zurück in ihr Zimmer, schließt die Tür hinter sich ab, wäscht sich die Hände, trocknet sie ab. Dann geht sie zum Teppich, schaut ihn sich wieder an.

Einige Momente später geht sie zur Kredenz, öffnet den oberen

Teil und entnimmt ihm eine Schachtel Tabletten. Sie geht damit zum Tisch, legt sie hin, nimmt von dem Hocker das Glas Wasser, stellt es daneben. Sie setzt sich vorsichtig auf den Stuhl mit den Strümpfen, ohne sich anzulehnen, um diese nicht zu verderben. Sie nimmt eine Tablette heraus, nimmt sie mit einem Schluck Wasser. Sie nimmt aus der Schachtel die Gebrauchsanweisung heraus und liest sie durch.

Sie öffnet das Röllchen wieder, läßt alle Tabletten herauskullern und zählt sie in Zweierreihen ab, es sind noch 9 Stück einer 20er Packung. Sie nimmt langsam eine nach der anderen, bis das Wasser, das sie jeweils in kleinen Schlückchen dazu trinkt, alle ist. Sie steht auf, will zum Becken, hält inne, geht zum Kühlschrank, entnimmt ihm eine halbvolle Piccoloflasche Sekt, geht wieder zum Tisch, öffnet das Fläschchen, schüttet ein wenig in das Glas, nimmt die restlichen Tabletten. Dann wartet sie einige Zeit.

Sie gießt den restlichen Sekt in das Glas, er sprudelt über und rinnt auf die Tischdecke. Sie hebt das Glas hoch und putzt mit dem Ärmel des Bademantels den Fleck weg, sie nippt am Sekt.

Dann wartet sie ruhig und bedächtig, aber auf ihrem Gesicht ist plötzlich Interesse festzustellen.

Pause, dann *Ende*.

ANHANG

Wort- und Sacherläuterungen

a) Maria Magdalena

nimmer (7,26): nicht mehr

Pietät (7,31): Ehrfurcht, Achtung, Rücksichtnahme

Kriegsgräberfürsorge (9,24): 1919 gegründeter gemeinnütziger Verein, der sich um den Erhalt und die Pflege von deutschen Kriegsgräberstätten im Ausland kümmert

Caritas (9,28): lat. = Nächstenliebe, Wohltätigkeit; 1897 gegründete Hilfsorganisation der römisch-katholischen Kirche, die sich als Helfer für Menschen in Not sowie als Anwalt der Benachteiligten versteht und in vielen sozialen Bereichen tätig ist

Müttergenesungswerk (9,29): 1950 von Elly Heuss-Knapp, der Ehefrau des damaligen Bundespräsidenten Theodor Heuss, gegründete Stiftung, deren Ziel es ist, mit Hilfe von medizinischen und psychologischen Vorsorgen und Therapien die Gesundheit von Müttern zu stärken

SOS-Kinderdörfer (9,30): SOS-Kinderdorf ist eine 1955 in München gegründete soziale Organisation, die sich darum bemüht, bedürftigen Kindern in ihren SOS-Kinderdörfern ein Leben in familiärer Geborgenheit zu ermöglichen.

Armeemuseum in Münchn (9,31): Die Sammlung des Bayerischen Armeemuseums, die sich der Militärgeschichte widmet, befand sich bis 1945 in München; seit 1969 ist sie im Neuen Schloss in Ingolstadt untergebracht.

Brot für die Welt (9,32): 1959 gegründete Hilfsaktion der evangelischen Landes- und Freikirchen in Deutschland

Chanse (10,17): Chance, Gelegenheit

Am Scheideweg! (10,37): Situation, in der zwischen zwei Alternativen entschieden werden muss oder es nur zwei Möglichkeiten gibt

verlorener Sohn (11,1): Anspielung auf das biblische Gleichnis vom verlorenen Sohn (Lukas 15,11–32)

Hätt ich einen Stich bei meiner Schwester, wenn ich nicht der Bruder sein tät? *(11,4–6):* Hätte ich eine Chance bei meiner Schwester, wenn ich nicht ihr Bruder wäre?

Erdäpfeln (11,40): Kartoffeln

Bruch (12,4): umgangssprachlich für Einbruch

Zuchthaus (12,8): Strafanstalt, mit strafverschärfenden Haftbedingungen für die Häftlinge, oft durch den Zwang zu harter körperlicher Arbeit, z. B. im Steinbruch; 1969 wurde die Zuchthausstrafe in Deutschland abgeschafft.

Fuchzger (12,11): Fünfziger, Fünfzigmarkschein

Opferstock (13,41): Behälter für Geldspenden in der Kirche

Pfiat enk! (14,5): bayerischer Abschiedsgruß (»Es behüte euch Gott!«)

So ein Schmarrn. (14,34): So ein Unsinn.

Guttifresser (14,37): Leckermäulchen (bayr. *Gutti* = Bonbon)

Todeskammerl (15,13): Einzelzimmer für Sterbende

Inspektor (16,3): Amtsbezeichnung in der öffentlichen Verwaltung für Beamte; gehört zur Laufbahn des gehobenen Dienstes

Inspektorenanwärterprüfung (16,4): Prüfung zur Aufnahme in das Amt des Inspektorenanwärters (Amt vor dem Inspektor)

daß das Kind ein Abgang wird (17,14): dass es eine Fehlgeburt wird

ein ledigs Kind (17,26): ein uneheliches Kind

dem blödn Gred (18,2): dem blöden Gerede

Servus (18,6): in Bayern üblicher Gruß zu Begrüßung und Abschied

Raffael Kubelik (19,16): Rafael Kubelik war ein Schweizer Dirigent (1914–1996); von 1961 bis 1979 Chefdirigent des Symphonie-Orchesters des Bayerischen Rundfunks

keinen Fleiß um jeden Preis (20,31): parodistische Abwandlung des Sprichwortes »Ohne Fleiß kein Preis«

Hypo (20,32): Kurzform für Bayerische Hypotheken- und Wechselbank

pro forma (21,2): der Form halber

Wimmerl (21,5): Pickel, Pustel

Du kommst mir nicht aus (21,30): Ich kriege dich schon.

Richard Burton, Liz Taylor (22,19/21): Die beiden US-amerikanischen Schauspieler Richard Burton (1925–1984) und Liz Taylor (geb. 1932) waren zwischen 1964 und 1976 verheiratet und eines der berühmtesten Schauspielerehepaare jener Zeit.

die Finger geldschwarz (22,28): die Finger schmutzig vom Geld, sowohl wörtlich als auch übertragen gemeint

Chansn (23,12): Chancen, Gelegenheiten

Salamander (24,23): bekannte Schuhmarke

Hertie (24,28): deutsche Warenhauskette

Franz Josef Strauß (26,5): deutscher CSU-Politiker (1915–1988), von 1978 bis 1988 Ministerpräsident des Freistaates Bayern

Konkurs (26,13): Zahlungsunfähigkeit

Konkursmasse (26,40): Gesamtheit des restlichen Vermögens eines zahlungsunfähigen Unternehmers, die bei einem Konkurs dazu dient, die Forderungen zu begleichen

Kuchl (30,36): Küche

Schäferstündchen (32,1): eine intime erotische Begegnung; geht zurück auf die Schäferdichtung des 18. Jahrhunderts

Suppenkaspar (35,2): Anspielung auf die gleichnamige Geschichte aus dem Kinderbuch *Struwwelpeter* (1845) von Dr. Heinrich Hoffmann, die von einem Jungen erzählt, der sich weigert, seine Suppe zu essen, und deshalb innerhalb weniger Tage verhungert

E 605 (35,15): Pflanzenschutzmittel, für Menschen hochgiftig

Gedankn und Träume sind zollfrei (35,17): Anspielung auf das deutsche Volkslied »Die Gedanken sind frei« aus dem 18. Jahrhundert

Gfriß (35,21): abwertend für Gesicht; die »Fresse«

Geschorene Haare (35,34): Früher galt das Abschneiden der Haare oder Kahlrasieren als Form der öffentlichen Brandmarkung von Straftätern, Ehebrecherinnen oder nichtehelich Schwangeren.

In dem Bartsch seiner Todeshöhle (36,24): Jürgen Bartsch (1946–1976), pädophiler Serienmörder, der in der Nähe von Essen vier Kinder umbrachte; sein Fall beherrschte Ende der 1960er-Jahre die Medien.

zerscht (37,26): zuerst

Baader-Meinhof-Bande (37,30): »Rote Armee Fraktion« (RAF); linksextremistische Terrororganisation, die 1970 u. a. von Andreas Baader, Gudrun Ensslin, Horst Mahler und Ulrike Meinhof gegründet wurde; sie ist verantwortlich für zahlreiche Morde, Entführungen, Banküberfälle, Sprengstoffattentate.

Fronleichnamsprozession (37,34): Fronleichnam ist ein seit 1264 gefeierter katholischer Festtag, an dem der Leib Christi verehrt wird; nach der Heiligen Messe zieht eine Prozession mit Standarten, Fahnen usw. an geschmückten Häusern vorbei zu verschiedenen Segensstationen.

Erbmasse (38,17): Erbanlagen

Herzipoppi (39,9): Kosename

Rehabilitierung (39,23): Wiederherstellung von Ehre und Ansehen

»Stern« (39,25): wöchentlich in hoher Auflage erscheinende Zeitschrift

mon cherie (40,1): frz. *mon chérie* = mein Liebling

Coup (40,26): überraschend durchgeführtes, erfolgreiches Unternehmen, Streich, Handstreich

Ich wasche mich in Unschuld (42,12): Anspielung auf die Kreuzigung Jesu; der römische Statthalter Pontius Pilatus wäscht seine Hände, um zu demonstrieren, dass nicht er am Tod Jesu die Schuld trägt, sondern die Juden selbst. (Matthäus 27,24)

Burschoa (42,28): frz. *bourgeois* = Bürgertum; nach marxistischer Definition die herrschende Klasse der kapitalistischen Gesellschaft, die im Besitz der Produktionsmittel ist und vom Proletariat gestürzt werden muss

Französischn Revolution (42,31): Nach der Erstürmung der Bastille am 14. Juli 1789 wurde der französische König abgesetzt und die Republik ausgerufen. Die Herrschaft des Bürgertums löste damit die bisherige Adelsherrschaft ab. Der abgesetzte König Ludwig XVI. wurde 1793 durch die Guillotine hingerichtet.

den Kommunismus bekämpfen (42,36): Anspielung auf den Kampf der westlichen Welt (des Kapitalismus) gegen den Kommunismus, Zeit des Kalten Krieges

Ultralinker (42,40): extrem Linker

Marx und Mao (42,41): Karl Marx (1818–1883) war Philosoph und Theoretiker des Kommunismus; Mao Tse-tung (1893–1976) war Vorsitzender der Kommunistischen Partei Chinas und für die Linke in den westlichen Industriestaaten um 1970 eine Vorbildfigur.

Schwanengesang (43,22): nach antikem Mythos der letzte Gesang des Schwans vor seinem Tod; im übertragenen Sinn: das letzte Werk eines Künstlers

Arm! (46,32): Kurzform von »Amen«; bekräftigt die Aussage

Fernkurse (48,5): Kurse, bei denen der Lernende ohne persönlichen Kontakt mit dem Lehrenden durch Briefe, Fernseh- oder Rundfunksendungen unterrichtet wird

Der Brief ist jetzt gschissn (48,36): Der Brief ist jetzt bedeutungslos.

HÖR ZU (49,10): populäre Fernsehzeitschrift

Alimente (50,1): Unterhaltszahlungen (für nichteheliche Kinder)

einen Blauen (50,27): Hundertmarkschein

mit dem depperten Kind (50,29): mit dem blöden Kind

Schwiegerpapa in spe (54,9): zukünftiger Schwiegervater

Machen mir ein Metsch (54,19): Anspielung auf das engl. *match* = Spiel, Wettkampf; hier ist damit gemeint: Schauen wir, wer von uns der Stärkere ist.

Trumpf Schokolade (55,18): Schokoladenmarke

Kaiserschmarrn (55,25): warme Süßspeise

Wammerl (55,25): Bauchfleisch vom Kalb

Inngreisch (55,26): Innereien

Krautwickerl (55,28): Kohlrouladen

Dampfnudeln (55,31): Mehlspeise

Pfannibatzerei (55,35): Kartoffelknödel der Marke Pfanni

Wer is denn auf der Brennsuppn dahergeschwommen? (56,17): Brennsuppe ist eine sehr einfache und billige Suppe aus Mehl und Wasser, die als Kennzeichen armer Verhältnisse gilt; hier: Redewendung für »aus einer niederen Gesellschaftsschicht stammend«

Petra Schürmann (56,38): Fernsehmoderatorin und Schauspielerin (geb. 1935), 1956 Miss World, seit 1960 beliebte Ansagerin im Bayerischen Rundfunk, 1967 Geburt einer nichtehelichen Tochter

Publicity (56,39): Bekanntsein in der Öffentlichkeit, Werbung

Und für mich is es ein Knopf in der Zukunft (56,40): Das nichteheliche Kind versperrt mir den Weg in eine positive Zukunft.

Anonymität (58,16): Namenlosigkeit, Nichtbekanntsein; Mangel an unmittelbarem menschlichen, sozialen Kontakt

Schattenkabinett (58,18): von einer parlamentarischen Opposition aufgestelltes Kabinett für den Fall eines Regierungswechsels

Sie liegt auf 2 Meter 30. ... Auf 1 Meter 80 kann noch wer kommen (59,19–21): bezieht sich auf die Tiefe der Grabstelle; so können zwei Personen übereinander beerdigt werden.

Heinz Rühmann (59,32): populärer Film- und Theaterschauspieler (1902–1994), spielte viele Hauptrollen in Komödien

ecetera (59,40): lat. = und so weiter; Abkürzung: etc. (et cetera)

Aletekost fürs Kind (60,38): Werbeslogan für Babynahrung von der Firma Alete

Mersie (61,12): bayerische Abwandlung des frz. merci = Danke

Annonce (61,40): Zeitungsanzeige, Inserat, Ankündigung

kibitzn (62,27): kiebitzen; umgangssprachlich für »beim Kartenspiel zuschauen«

b) Der Soldat

Prothese (66): künstlicher Ersatz eines fehlenden Körperteils

Glaubst, die Starfighter-Pilotn reißn sich darum, daß abstürzn und verreckn, mittn im Friedn? (67,32–34): Der Starfighter war ein US-amerikanisches Kampfflugzeug, das ab 1954 in den Luftstreitkräften mehrerer NATO-Staaten eingesetzt wurde und eine hohe Unfallquote aufwies; die Bundeswehr setzte den Starfighter von 1960 bis 1991 ein.

Wehrmacht (68,7): Gesamtheit der Streitkräfte eines Staates, besonders in Bezug auf das Deutsche Reich von 1935 bis 1945 (in diesem Zeitraum offizielle Bezeichnung für die Streitkräfte des nationalsozialistischen Deutschland)

Bundeswehr (68,33f.): Gesamtheit der Streitkräfte der Bundesrepublik Deutschland; gegründet 1955

Chansn (69,12): Chancen, Gelegenheiten

Blamage (71,14): Beschämung, Schande, Bloßstellung

Aber die anständign Leut sind für die Bundeswehr und Atomwaffn (72,1f.): Die Gründung der Bundeswehr führte zu großen innenpolitischen Auseinandersetzungen, vor allem zwischen CDU und SPD, über die moralische Vertretbarkeit der Wiederbewaffnung Deutschlands nach dem Dritten Reich; ein ähnlich umstrittenes Thema waren die nationalen und internationalen Bemühungen um die Abrüstung von Kernwaffen; 1969 unterzeichnete die Bundesrepublik Deutschland den ein Jahr zuvor bereits von den USA, der Sowjetunion und Großbritannien unterzeichneten Atomwaffensperrvertrag.

Manöver (72,5): Truppenübungen unter kriegsähnlichen Bedingungen

Blutopfer (72,6): Opfer eines oder mehrerer Menschen z. B. in einem Kampf

Invalid (72,9): infolge eines Unfalls, einer Kriegsverwundung oder einer Krankheit dauerhaft erwerbsunfähiger Mensch

Lazarett (72,11): Militärkrankenhaus

Oberst (72,11): Dienstgrad in der Offizierslaufbahn der Bundeswehr; höchster Dienstgrad der Stabsoffiziere

ethisch (72,19): sittlich, moralisch

Wehrdienst (72,24): Dienst, der aufgrund der Wehrpflicht beim Militär abgeleistet werden muss; nach dem Ende des Zweiten Weltkriegs wurde die Wehrpflicht 1956 wieder eingeführt.

Bund (72,30): umgangssprachliche Kurzform für Bundeswehr

Chance (73,2): Chance, Gelegenheit

hörig (73,22): von jemandem bis zur willenlosen Unterwerfung abhängig

ein ledigs Kind (73,34): ein nichteheliches Kind

Strohmann (74,9): jemand, der vorgeschickt wird, um im Auftrag eines anderen z. B. ein Geschäft zu machen oder einen Vertrag abzuschließen

wern (74,22): werden

Vielleicht hat sie einen Abgang (74,22): Vielleicht hat sie eine Fehlgeburt.

Ein Halbe und ein Doornkaat (78,3): Halbe steht für einen halben Liter Bier; Doornkaat ist der Name einer Spirituosenmarke (Kornschnaps).

Jägermeister (78,28f.): Kräuterlikör

Stamperl (78,31): bayerischer Begriff für ein Schnapsglas; die Füllmenge beträgt 2–4 cl

Entlobungsgrund (79,25): Grund für die Aufhebung der Verlobung

Abtreibn ham sies lassn, wo das klar is. Jetz sinds in meiner Hand, weil ich sie anzeign kann. (81,23f.): Die Abtreibungsdebatten Ende der 1960er-Jahre und der Kampf der Frauenbewegung gegen den sogenannten Abtreibungsparagrafen (§ 218), der den Schwangerschaftsabbruch bis heute grundsätzlich unter Strafe stellt, führten zu einer allmählichen Liberalisierung des Abtreibungsrechts. In Deutschland ist seit 1995 eine Fristenregelung gültig, die nach einer vorherigen Beratung einen Abbruch in den ersten drei Schwangerschaftsmonaten durch einen Arzt erlaubt.

Märtyrer (82,12f.): jemand, der wegen seiner Überzeugungen Verfolgung, Folter oder Tod erleidet

Man muß sich nach der Decke streckn (82,30): Redensart für »sparsam sein«

Asbach (84,20): Asbach Uralt ist der Markenname des ältesten deutschen Weinbrands.

Costa del Sol (84,38): span. = Küste der Sonne; eine Küste im Süden Spaniens (Andalusien)

delikat (87,8): hier: empfindsam, behutsam, zurückhaltend

Embolie (87,18): Verschluss eines Blutgefäßes z. B. durch Blutgerinnsel, Fetttropfen oder Luftblasen

Barras (87,21): bezeichnet in der Soldatensprache das Militär; vor allem als Synonym für die Wehrmacht gebraucht; »zum Barras müssen« bedeutet »zum Wehrdienst eingezogen werden«

Pissoir (87,32): öffentliche Toilette für Männer

Latrine (87,32): Abort, Abortgrube

im Trauerstaat (87,32f.): in schwarzer Kleidung zum Zeichen der Trauer

revanchieren (88,1f.): hier: sich aus Dankbarkeit erkenntlich zeigen

c) Oberösterreich

simultan (90): gleichzeitig, parallel verlaufend, gemeinsam

»Heute« (91,7): seit 1963 Hauptnachrichtensendung des ZDF mit tagesaktuellen Themen, einem Wetterbericht und gegebenenfalls Sportnachrichten

Nobllokal (91,34): vornehmes, exklusives Restaurant

Schönherr (92,8): Dietmar Schönherr, Schauspieler, Sprecher, Moderator, Schriftsteller und Regisseur (geb. 1926); wurde mit seiner Hauptrolle in der ersten deutschen Science-Fiction-Fernsehserie *Raumpatrouille – Die phantastischen Abenteuer des Raumschiffes Orion* berühmt; hier: Anspielung auf die große Samstagabend-Fernseh-Spielshow *Wünsch dir was* (1969–1972), die Schönherr mit seiner Frau Vivi Bach moderierte

Lagune (93,20): vom offenen Meer durch ein Riff, eine Insel, eine Düne oder eine Nehrung abgetrennte Flachwasserzone

nimmer (93,22): nicht mehr

Bore (93,24): Porree, Lauch

So ein Schmarrn. (93,33): So ein Unsinn.

Manta (94,1): Automodell der Firma Opel

Kadett (94,14): Automodell der Firma Opel

Capri (94,16): Automodell der Firma Ford

Maß (95,2): von Maßkrug; umfasst 1 Liter

Tenglmann (95,12): Anspielung auf die Supermarktkette Kaiser's Tengelmann

Starnberger See (95,15): südwestlich von München gelegener See

Flambiern (95,17): mit einem hochprozentigen alkoholischen Getränk übergießen und anzünden

Der reut mich nicht (96,1): Den bereue ich nicht (gekauft zu haben).

Metereologe (96,25f.): Wetterkundler

Gehst außer, wennst es ned willst (97,10): Lass es sein, wenn du es nicht willst.

provisorisch (100,4): vorübergehend, zur Überbrückung

zerscht (101,8): zuerst

Krappnsalat (102,21): Krabbensalat

Curd Jürgens (102,21f.): Bühnen- und Filmschauspieler (1915–1982); einer der erfolgreichsten Vertreter des deutschen Kinos; mit der Verfilmung von Carl Zuckmayers *Des Teufels General* (1954) gelang ihm der internationale Durchbruch

Sodbrennen (104,4): sich vom Magen bis in den Rachenraum ausbreitendes Brennen, das von zu viel Magensäure herrührt

Bullrichsalz (104,6): Mittel gegen Sodbrennen

Intimitätn (107,14): Vertrautheit, Vertraulichkeit; sexueller Kontakt; persönliche, vertrauliche Angelegenheiten

gingert (109,15): würde ich gehen

Meran (109,18): zweitgrößte Stadt Südtirols, Italien (Merano)

Zugspitz (109,19): die Zugspitze; mit 2962 Metern höchster Berg Deutschlands, Grenzberg zwischen Deutschland und Österreich

Würschtl (111,19): Würstchen

Fernlehrinstitut (112,20): Institut, das Fernkurse anbietet; *Fernkurse* siehe S. 139

Tageskrippe (113,9): Ort, an dem Kinder tagsüber untergebracht werden können

netto! (113,28): nach Abzug der Steuern und Sozialabgaben

Autorate (113,36): Eine Rate ist ein zwischen einem Käufer und einem Verkäufer vereinbarter Geldbetrag, dessen Zahlung in regelmäßigen Zeitabständen erfolgt; dadurch wird eine größere Summe schrittweise abbezahlt.

HÖR ZU (114,8): populäre Fernsehzeitschrift

Stern (114,9): wöchentlich in hoher Auflage erscheinende Zeitschrift

Buchgemeinde (114,10): Buchklub

zamrechnen (114,16): zusammenrechnen

Rundfunkgebühren (115,33): von den Rundfunkteilnehmern zu entrichtende Gebühr an die öffentlich-rechtlichen Rundfunkanstalten

Milka (117,9): Schokoladenmarke

Inspektor (117,14): Amtsbezeichnung in der öffentlichen Verwaltung für Beamte; gehört zur Laufbahn des gehobenen Dienstes

Jetz sieht man sich nicht hinaus (118,37): Jetzt sieht man keine Perspektive.

weil es verbotn is, eine Abtreibung (120,6f.): Abtreibung siehe S. 141

Chanse (121,13): Chance, Gelegenheit

zamhaltn (121,20): zusammenhalten

Fernsehlotterie (122,27): ARD-Fernsehlotterie *Ein Platz an der Sonne* zugunsten hilfsbedürftiger Menschen; die Ziehung wurde 1956 zum ersten Mal im deutschen Fernsehen übertragen.

Da muß man sich auch nach der Deckn streckn (122,35): Redensart für »sparsam sein«

d) Wunschkonzert

Neckermann (125,6): Firmenname des vor allem durch seinen Versandhandel bekannten deutschen Unternehmens Neckermann

Kunstgewerbe (125,7): umfasst die handwerkliche, maschinelle oder industrielle Herstellung von Gebrauchsgegenständen mit künstlerischem Anspruch

Jungfernschaft (125,23): veralteter Ausdruck für Jungfräulichkeit

Bühnenzeit (125,38): Erzählzeit (im Gegensatz zur erzählten Zeit); Dauer der Aufführung

Kredenz (126,8): Anrichte, Küchenschrank

Dampfheizung (126,13): Zentralheizung, bei der als Wärmeträger Wasserdampf verwendet wird

Store (126,14): hier ist damit ein durchsichtiger Fenstervorhang gemeint

die Sendung »Sie wünschen?« mit Fred Rauch (127,25): Fred Rauch (1909–1997), Kabarettist, Sänger und beliebter Hörfunkmoderator des Bayerischen Rundfunks

kremt (127,41): cremt

»Fix-Butte« (130,5): Hagebuttentee der Marke Teekanne

Intimspray (131,28): Deodorantspray für den Intimbereich

»Stern« (132,17): wöchentlich in hoher Auflage erscheinende Zeitschrift

Nachwort

Eine Kleinbürger-Komödie

Ehrgeizige Ziele hatten sie beide, der Dichter, der mit seiner *Maria Magdalena* nichts Geringeres wollte, als »den Grundstein zu einem ganz neuen, bis jetzt noch nicht dagewesenen Drama zu legen«, und sein Nachdichter, der glaubte, »gerade an dem dramaturgieökonomischen Genie Hebbel« sich vortasten zu können, um zur großen Form des Dramas zu gelangen. Bei der Uraufführung fielen beide durch. Hebbels »bürgerliches Trauerspiel« kam erstmals 1846 in Königsberg auf die Theaterbühne, und ein zeitgenössischer Rezensent berichtet, das Publikum habe sich »so echt spießbürgerlich prüde« verhalten: »Die Dämchen hielten die weißen Schnupftücher vor die Augen und taten, als ob sie sich schämten.« Von der Buchausgabe verkaufte der Verlag im ersten Jahr ganze 114 Exemplare. Knapp 130 Jahre später war das Stück mutiert von der Tragödie zur Komödie. Kroetz' Bearbeitung, uraufgeführt in Heidelberg 1973, erntete rüde Verrisse: Die Theaterkritiker ließen kaum ein gutes Haar an dem Stück. Heute sind beide Theatertexte längst Gegenstand im Deutschunterricht, mit den entsprechenden Begleiterscheinungen. Es gibt Interpretationshilfen für die Schüler und Unterrichtseinheiten, an denen sich die Lehrer orientieren können. Wobei den Lehrern ausdrücklich geraten wird, nicht beide Texte gleichzeitig auszuteilen, sondern zunächst allein das Hebbel-Drama: Die Schüler würden sonst nur Kroetz lesen, weil dessen Text kürzer und wesentlich amüsanter sei.

»Frei nach Friedrich Hebbel«: Kroetz folgt im Gang der Handlung, der Einteilung in drei Akte, der Abfolge der Szenen und Dialoge weitgehend der literarischen Vorlage. Aus den 24 Szenen des Trauerspiels sind bei ihm 17 Bilder geworden, aber keins der wesentlichen Motive ist bei der Reduktion verloren gegangen. Auch die Personen sind mit kleinen Änderungen übernommen: Aus Meister Anton und seiner Frau wurden Papa und Mama, aus ihrer Tochter, bei Hebbel Klara, Marie; ihr Bruder heißt knapp Leo statt Leonhard. Hebbels Sekretär bekam den Namen Peter, aus Wolfram wurde Huber, aus dem Gerichtsdiener ein Inspektor usw. Ein bisschen modernisiert, aber die Funktionen sind gleich geblieben. Als Ortsangabe hat Hebbel unter das Personenverzeichnis geschrieben: »eine mittlere Stadt«. »Mir sind in Augsburg, genau«, heißt es bei Kroetz, was auch in der Sprache seinen Ausdruck findet: »Umgangsdeutsch mit Süddeutsch« (was Norddeutsche zunächst irritieren mag: »mir« bedeutet »wir«).

Alles gleich und doch ganz anders: Aus demselben Material hat Kroetz ein anderes Stück gemacht. Fast jede Szene ist eine Umkehrung, sodass das Trauerspiel umkippt in sein Gegenteil. Bei Hebbel ist alles groß gedacht, edle Menschen mit hehren Absichten und hoher Moral. Eigentlich hätten sie alle recht, notierte der Dichter im Tagebuch, und dass trotz bester Absichten drei Menschen in Tod und Selbstmord enden, darin besteht die Tragödie. Hebbel will erschüttern, das Publikum rühren – bei Kroetz werden Tränen gelacht über die Boshaftigkeit der Welt, denn hier sind alle Charaktere miese, spießige Kleinbürger, jeder ist auf seinen Vorteil bedacht und versucht, den anderen übers Ohr zu hauen. Statt um die Moral geht's ums Geld, und noch mit Gott versucht man ins Geschäft zu kommen. So komisch-pointiert das Stück ist, Karikaturen sind die Personen nicht, und Kroetz' *Maria Magdalena* ist auch keine Parodie, die sich nur lustig macht über ein antiquiertes Theaterstück aus Vorzeiten – sondern der Autor nutzt ein klassisches Drama aus dem 19. Jahrhundert als Folie für einen Gegenentwurf, geschuldet den veränderten Verhältnissen.

Hebbel schrieb seine *Maria Magdalena*, wie er im Vorwort, »betreffend das Verhältnis der dramatischen Kunst zur Zeit und verwandte Punkte«, betonte, in der »Absicht, das bürgerliche Trauerspiel zu regenerieren«. Das war ein Fortschritt, in ästhetischer wie in gesellschaftlicher Hinsicht. Der Dichter wollte »das Tragische nicht aus dem Zusammenstoß der bürgerlichen Welt mit der vornehmen« entwickeln, etwa der Liebe einer Bürgerstochter zu einem Adligen, »sondern ganz einfach aus der bürgerlichen Welt selbst, aus ihrem zähen und in sich selbst begründeten Beharren auf den überlieferten patriarchalischen Anschauungen«. Dafür steht Meister Anton, der Tischler. Gefangen in seinen fest gefügten Wertvorstellungen, bekennt er am Ende, nachdem Klara in den Tod gegangen ist: »Ich verstehe die Welt nicht mehr!«

»Eine Bürgerlichkeit is das plötzlich, wost suchn kannst«, so heißt es ironisch bei Kroetz. Die »sittlichen Mächte der Familie, der Ehre und der Moral«, die Hebbel im Vorwort zu seiner *Maria Magdalena* beschwor, sind nur noch Spruchweisheiten ohne Wert. »Da sitz und glaub ich bin in einem trauten Heim, aber es is eine Räuberhöhle«, klagt der Papa. Eine Autorität, vor der alle

Familienmitglieder kuschen, stellt er gewiss nicht dar. Tochter und Sohn sind von ihm nicht abhängig, und um aus der Enge und Misere herauszukommen, muss niemand mehr ins ferne »Amerika« flüchten: München reicht. Ein nichteheliches Kind ist keine Schande mehr, eine ledige Mutter muss nicht mehr, der Familienehre wegen, in den Tod gehen. »Es ist kein Unglück, wie früher, bloß ein Blödsinn.« Moralische Ächtung muss Marie nicht mehr fürchten, allerdings hat sie finanzielle Probleme und Angst vor dem Gerede der Nachbarn. Damit ist aber auch die dramatische Fallhöhe abhandengekommen, die eine Tragödie benötigt: Die Katastrophe findet nicht statt, stattdessen ein Kuhhandel. »Die Ehe is heilig, mir jednfalls«, meint Leo, worauf Marie nüchtern zurechtrückt: »Mir wickeln ein Geschäft ab.«

In beiden Versionen von *Maria Magdalena* bestimmen verinnerlichte gesellschaftliche Zwänge das Handeln der Figuren, nur dass sie bei Kroetz ganz ihres ethischen Überbaus entkleidet sind und die materielle Basis radikal bloßgelegt wird. Die ewig gültigen Gesetze der Natur spricht Meister Anton bzw. Papa im Gespräch mit Leo(nhard) an, verweist darauf, dass der Baum erst erblüht und dann Früchte trägt. Der Mensch dagegen ist unberechenbar, so die Erkenntnis von Meister Anton. »Einfach ist die Natur«, da stimmt Papa mit ihm überein, doch der Gegensatz ist hier nicht der Mensch, sondern die undurchschaubare Wirtschaft, vor der er genauso resigniert. »Ich sehe ein, daß man nichts ändern kann, und füge mich.« Leonhard setzt bei Hebbel dagegen: »Der Mensch hat in sich Gesetz und Regel«; Leo bei Kroetz weiß um die ökonomischen Mechanismen, die die Existenz des Einzelhandels bedrohen: »Was klein ist, stirbt. Was groß ist, wächst. Heißt das Gesetz der Stunde.« Aus dem Tischler, ein standesbewusstes Mitglied seiner Zunft, ist bei Kroetz ein Schuster geworden, der ein kleines, zu kleines Schuhgeschäft betreibt und fürchten muss, als Akkordarbeiter in einer Schuhfabrik zu enden.

Auch der Autor Kroetz steckte in einer Phase des Umbruchs, als er *Maria Magdalena* schrieb. Mit seinen frühen Stücken – am bekanntesten sind *Wildwechsel*, *Männersache* und *Stallerhof* – hatte er Furore gemacht. In der Nachfolge des kritischen Volksstücks (Ödön von Horváth, Marieluise Fleißer) hatte er die soziale Deformation gesellschaftlicher Randgruppen auf die Bühnen gebracht: Menschen, die ihre Probleme nicht artikulieren können, weil ihnen die Sprache fehlt – das wesentliche dramaturgische Mittel dieser Stücke ist das Schweigen – oder sie nur noch in Floskeln und Redensarten, längst zu inhaltsleeren Gemeinplätze verkommen, denken. (Auch in *Maria Magdalena* beherrschen vorgestanzte Leerformeln, Sprichwörter wie Werbeslogans, den Dialog.) Aber Kroetz wollte nicht länger ein »Mitleidsdramatiker« sein. Es galt – auch unter politischem Aspekt: Kroetz war in diesem Jahr in die DKP eingetreten –, neues Terrain zu erobern: Weg von Randexistenzen, stattdessen den Durchschnittsbürger in den Mittelpunkt stellen und gesellschaftliche Zusammenhänge aufzeigen, so das Programm.

Man muss *Maria Magdalena* und *Oberösterreich*, beide im gleichen Jahr entstanden, zusammen lesen, dann versteht man, was Familie für Kroetz bedeutet: ein Ort der Geborgenheit, eine soziale Einheit, wo Solidarität noch möglich ist. Positive Menschen als Protagonisten, die dem Zuschauer Lust machen auf Veränderung der Gesellschaft, das forderte Kroetz in Interviews von sich selbst, doch dies literarisch umzusetzen, in seinen Dramen zu gestalten, erwies sich als schwierig. Immerhin gelang es ihm, in *Oberösterreich* einen hoffnungsvollen Schlussakzent zu setzen. *Maria Magdalena* wirkt dagegen wie das brutale Gegenstück: Hier ist die Familie ein Wespennest, jeder Funken Hoffnung auf ein besseres Leben ausgetrieben. Mitgefühl: Fehlanzeige.

Bei der Uraufführung glaubten die Kritiker, den Dichter Hebbel gegen den Banausen Kroetz verteidigen zu müssen: Vordergründige Aktualisierung, so lautete das Verdikt. Man störte sich daran, dass der Autor sich nicht die Mühe macht, stimmige, d.h. psychologisch glaubwürdige Figuren zu entwickeln, und verkannte damit den Charakter des Stückes, das eine satirische Komödie und kein realistisches Drama ist. Mag sein, dass den hochgesteckten politischen Zielen des Autors, Machtverhältnisse durchschaubar zu machen, die Hebbel-Bearbeitung nicht genügt. Brecht, das Vorbild von Kroetz in diesen Jahren, hat eine ähnlich rüde, bis heute wirkungsvolle Satire geschrieben: *Die Kleinbürgerhochzeit*.

So witzig manche zynische Sentenz im Stück auch ist, eine Komödie sollte man nicht mit unverbindlicher Comedy verwechseln. Das letzte Bild hat keine Entsprechung bei Hebbel. Kroetz, der den Szenen pointierte Überschriften gab, nennt es »Bilanz«. Eine Szene, die in ihrer Banalität und grotesken Komik kaum zu überbieten ist. Und doch ein bitterböses Ende. Nichts löst sich, wie man es von einer Komödie erwarten darf, in Wohlgefallen auf. Wenn Kroetz als nachgetragenes Motto nach dem Schluss des Stücks Hebbel zitiert, ist dies keineswegs blanker Hohn. »Und ich?« Marie ist ausgeschlossen – vom Skat der Männer, aber auch, in Hebbels Worten, »aus der Welt herausgedrängt«. Sie ist die Verliererin in diesem Spiel, wo jeder nur seine materiellen Interessen verfolgt und weder Rücksicht noch Mitgefühl kennt. »Ich denk an mich und überleb.« Diesen Satz des Herrn Papa könnte jeder im Stück sagen. Auch Marie wird überleben. Aber wie? Zum Lachen ist das nicht mehr. »Die Komödie wachst mir über den Kopf«, erkennt Marie. »Ganz unbarmherzig.«

Michael Töteberg

Zeittafel

1946 Geboren am 25. Februar in München. Einziges Kind der vier Monate später heiratenden Eltern Maria (Hausfrau, 38) und Franz Kroetz (Finanzbeamter, 48). Umzug nach Simbach am Inn.

1950 Umzug nach München.

1953 Grundschule. Familie bezieht Eigenheim in Obermenzing bei München.

1956 Wirtschaftsoberrealschule. Berufswunsch der Eltern: Steuerberater.

1961 Schulabbruch. Tod des Vaters. Aushilfsarbeiten am Bau. Aufnahmeprüfung einer privaten Schauspielschule bestanden. In Abendkursen mittlere Reife.

1963 Aufnahme in das 3. Semester (Schauspiel, Regie) des Max-Reinhardt-Seminars, Wien. Nach dem 4. Semester Ausschluss aus der Schauspielklasse (»wegen mangelnder Technik«).

1964 Zurück in München, ergebnislose Engagementsuche, privater Schauspielunterricht, Gelegenheitsarbeiten u. a. als Bananenschneider im Großmarkt. Schreibanfänge. Austritt aus der katholischen Kirche.

1965 Schauspielprüfung der Bühnengenossenschaft bestanden. Erstes Engagement am Büchner-Theater München. Freundschaft mit dem Maler Jürgen von Hündeberg.

1966 Engagements an den Westfälischen Kammerspielen Paderborn und am Münchner Laientheater Corona. Schreibt u. a. das Stück *Die Nacht der weißen Segel*, die erste Fassung von *Das Nest*, Drehbuchentwürfe. Arbeitet als Krankenpfleger, Lagermeister, Gärtner usw.

1967 Prosaversuche, darunter der Collagenroman *Tiroler Elegien*. Erfolglose Kontakte zu Bühnenverlagen.

1968 Uraufführung zweier Bühnenbearbeitungen am Büchner-Theater München: *Julius Caesar* nach Shakespeare (Regie: F. X. K.), *Oblomow* nach Gontscharow. Spielt in Rainer Werner Fassbinders Produktion *Zum Beispiel Ingolstadt* (nach Marieluise Fleißer), erste Beschäftigung mit den kritisch-realistischen Volksstücken dieser Autorin. Schreibt *Der Soldat* und *Wildwechsel*.

1969 Engagements u. a. bei der Ludwig-Thoma-Bühne Rottach-Egern; er schreibt und inszeniert für dieses Bauerntheater den Schwank *Hilfe, ich werde geheiratet*. Abbruch zweier Prosaprojekte *(Opus II bzw. III)*.

1970 Dramatikerstipendium des Suhrkamp-Verlags. Martin Walser (kommissarischer Cheflektor), Harald Mueller und Heinar Kipphardt (Chefdramaturg Münchner Kammerspiele) bereiten seinen Buch- und Bühnenstart vor.

1971 Am 3. April Uraufführung der beiden Einakter *Heimarbeit* und *Hartnäckig,* von Tumulten begleitet, im Werkraumtheater der Münchner Kammerspiele. Die beiden Stücke erscheinen zusammen mit *Männersache* als erste Buchveröffentlichung. Weitere Uraufführungen: *Wildwechsel, Michis Blut* (in Eigenregie). Ludwig-Thoma-Medaille der Stadt München.

1972 Eintritt in die Deutsche Kommunistische Partei (DKP). Endgültiger Durchbruch als Bühnenautor mit der Uraufführung von *Stallerhof* im Malersaal des Deutschen Schauspielhauses, Hamburg. Neue Stücke: *Globales Interesse* (Auftragsarbeit zur Olympiade in München), *Dolomitenstadt Lienz, Maria Magdalena* (nach Hebbel). Hörspiele *(Bilanz, Gute Besserung)* und Fernsehfilme *(Herzliche Grüße aus Grado, Der Mensch Adam Deigl und die Obrigkeit).* Mit *Oberösterreich,* einem Stück über eine junge Arbeiterfamilie, gelingt der bislang größte Bühnenerfolg. Literaturstipendium des Westberliner Kunstpreises.

1973 Teilnahme am »Weltkongress der Friedenskräfte« in Moskau. Schreibt *Münchner Kindl,* eine dramatische Ballade, für das »Tribunal gegen Mietwucher und Bodenspekulation« der DKP. Erste DDR-Premiere *(Oberösterreich* in Rostock). Westberliner Kritikerpreis.

1974 Verfilmt sein Fernsehspiel *Weitere Aussichten* mit Therese Giehse. Schreibt *Das Nest.* Kauf eines Bauernhofes in Kirchberg bei Altenmarkt. Hannoverscher Dramatikerpreis (zusammen mit Thomas Bernhard und Botho Strauß).

1975 Gründung eines eigenen Bühnenvertriebs (Franz Xaver Kroetz Dramatik). Inszeniert *Lieber Fritz* in geänderter Fassung als Uraufführung am Staatstheater Darmstadt. Wilhelmine-Lübke-Preis für das Fernsehspiel *Weitere Aussichten.*

1976 *Agnes Bernauer,* sehr frei nach Hebbel, entsteht. DKP-Kandidat zur Bundestagswahl. Arbeit am Reportageband *Chiemgauer Geschichten* über bayerisches Bauernleben. Mülheimer Dramatikerpreis für *Das Nest.*

1977 Schreibt das Arbeiterstück *Mensch Meier.* Spielt nach acht Jahren Pause wieder als Darsteller im Fernsehfilm *Zeit zum Aufstehn* (nach dem Roman von August Kühn). Uraufführung *Agnes Bernauer* in Leipzig.

1978 Mehrere Bühnen bringen *Mensch Meier* zur Erstaufführung. *Der stramme Max* entsteht. Spielt die Hauptrolle in der Fernsehfassung von *Das Nest.*

1979 Neuer Band mit Stücken erscheint bei Suhrkamp. Inszeniert *Heimat* fürs Fernsehen.

1980 Austritt aus der DKP. Uraufführung *Der stramme Max* bei den Ruhrfestspielen. Fertigstellung des Romans *Der Mondscheinknecht* (1. Teil).

1981 Uraufführung von *Nicht Fisch nicht Fleisch* gleichzeitig am Düsseldorfer Schauspielhaus und an der Schaubühne Berlin (Regie Peter Stein). Auszeichnung zum »Stück des Jahres« durch die Zeitschrift *Theater heute.*

Regie und Hauptrolle bei der Fernsehverfilmung von *Mensch Meier*. *Der Mondscheinknecht* erscheint. Reisen nach Israel und Indien (Kalkutta), wo Kroetz sich Aufführungen seiner Stücke auf Hebräisch und Bengali anschaut.

1982 Reisen nach Spanien und Marokko. Marokko beeinflusst ihn besonders für *Der Mondscheinknecht. Fortsetzung*. Intensive Arbeit an diesem Text. Nebenbei umfangreiche Tagebuchaufzeichnungen. Lange Reisen nach Jugoslawien, Griechenland und in die Türkei.

1983 Dreieinhalb Monate als Schauspieler unterwegs mit einer Tourneeproduktion von *Nicht Fisch nicht Fleisch*, inszeniert das gleiche Stück für die Münchner Kammerspiele. Schreibt an einem Einakterabend *Furcht und Hoffnung der BRD*. Weitere Reise nach Indien. Intensive Tagebuchtätigkeit. *Der Mondscheinknecht. Fortsetzung* erscheint.

1984 Intensive Tagebuchtätigkeit. Schreibt weiter an *Furcht und Hoffnung der BRD*. Übernimmt im Sommer die Hauptrolle in *Kir Royal* von Helmut Dietl. Schreibt die 1. Fassung von *Bauern sterben*. Uraufführung von *Furcht und Hoffnung der BRD* gleichzeitig in Düsseldorf und Bochum. Reisen nach Kuba und Nicaragua.

1985 Erhält den Ernst-Hoferichter-Preis der Stadt München. Neuerliche Reise nach Indien (Kalkutta). Hochdeutsche Fassung von *Bauern sterben* und 2. Fassung entstehen. Schreibt *Der Weihnachtstod*. Inszeniert *Bauern sterben* an den Münchner Kammerspielen. Fortsetzung der Dreharbeiten von *Kir Royal*. Reist als Ehrengast zu den Weltfestspielen der Jugend und Studenten nach Moskau. Schreibt das *Nicaragua Tagebuch*. Beginnt mit der Bearbeitung von Tollers *Hinkemann*. Reisen nach Spanien und Portugal.

1986 Fertigstellung von *Der Nusser* (nach Tollers *Hinkemann*). Inszeniert das Stück am Residenztheater in München. Reisen nach Ägypten und Israel. *Nicaragua Tagebuch* erscheint. Inszeniert sein Stück *Weihnachtstod* am Werkraum der Münchner Kammerspiele. Inszeniert am gleichen Theater erstmals ein fremdes Stück: *Bericht für eine Akademie* von Franz Kafka. Reise nach Kanada. Schreibt *Zeitweh*. Kroetz wird in der Rolle als Klatschreporter Baby Schimmerlos in der Fernsehserie *Kir Royal* einem breiteren Publikum bekannt. Aufsehenerregendes Gespräch in der ARD-Reihe *Deutsche* mit Günter Gaus.

1987 Inszeniert am Residenztheater in München Felix Mitterers *Stigma*. Schreibt die Komödie *Der Dichter als Schwein*. Lernt die Schauspielerin Marie-Theres Relin (Tochter von Maria Schell) kennen.

1988 Uraufführung von *Zeitweh* bei den Baden-Württembergischen Kleintheatertagen in Singen. Spielt die Hauptrolle in dem zweiteiligen Fernsehfilm *Der Leibwächter*. Schreibt eine Neufassung von *Lieber Fritz*. Eine vierbändige Ausgabe seiner Stücke wird im Suhrkamp Verlag vorbereitet. Beginnt die Inszenierung seines Stückes *Oblomow* am Prinzregententheater in München.

1989 Premiere *Oblomow* am 5. März. Schreibt Gedichte und ein neues Stück *Bauerntheater*.

1992 Heirat mit Marie-Theres Relin. Aus der Ehe gehen drei Kinder hervor. Kroetz hat außerdem zwei nichteheliche Kinder.

1995 Ablehnung des Stückes *Ich bin das Volk* durch Suhrkamp wegen »mangelnder Qualität«. Trennung von seinem langjährigen Verlag. Bertolt-Brecht-Preis der Stadt Augsburg.

1996 Oberbayerischer Kulturpreis

2000 Erscheinen von *Das Ende der Paarung. Ein deutsches Trauerspiel*.

2002 Hauptrolle in dem TV-Historiendrama *1809 – Die Freiheit des Adlers*.

2003 Mitglied der Bayerischen Akademie der Schönen Künste.

2005 Verleihung des Bundesverdienstkreuzes.

2006 Erscheinen der Kurzgeschichtensammlung *Blut & Bier. 15 ungewaschene Stories* sowie der Stücke *Tänzerinnen* und *Drücker*. Scheidung von Marie-Theres Relin.

2007 Auszeichnung mit dem Marieluise-Fleißer-Preis der Stadt Ingolstadt.

2008 In Joseph Vilsmaiers Neuverfilmung *Die Geschichte vom Brandner Kaspar* stellt Kroetz an der Seite von Michael »Bully« Herbig den Brandner Kaspar dar. Lebt als freier Autor abwechselnd auf Teneriffa, in München und Kirchberg.

Auszeichnungen, Ehrungen und Preise

1971 Ludwig-Thoma-Medaille der Stadt München

1973 Westberliner Kritikerpreis

1974 Hannoverscher Dramatikerpreis

1975 Wilhelmine-Lübke-Preis für das Fernsehspiel *Weitere Aussichten*

1976 Mülheimer Dramatikerpreis für *Das Nest*

1985 Ernst-Hoferichter-Preis der Stadt München

1995 Bertolt-Brecht-Preis der Stadt Augsburg

1996 Oberbayerischer Kulturpreis

2005 Bundesverdienstkreuz

2007 Marieluise-Fleißer-Preis der Stadt Ingolstadt

Werkverzeichnis

Bauern sterben. Frankfurt am Main: Suhrkamp 1987 (Edition Suhrkamp; NF Bd. 388).

Bauern sterben. Der Weihnachtstod. Weitere Aussichten ... Stücke 6. Hamburg: Rotbuch 1999 (Rotbuch Taschenbuch; Bd. 1082).

Blut & Bier. 15 ungewaschene Stories. Hamburg: Rotbuch 2006. Erweiterte Taschenbuchausgabe: Köln: Kiepenheuer & Witsch 2008 (KiWi Paperback; Bd. 1031).

Brasilien-Peru-Aufzeichnungen. Frankfurt am Main: Suhrkamp 1991 (Suhrkamp Taschenbuch; Bd. 1802).

Chiemgauer Gschichten. Bayrische Menschen erzählen ... Köln: Kiepenheuer & Witsch 1977.

Das Ende der Paarung. Die Trauerwütigen. Die Eingeborene. Neue Stücke 2. Hamburg: Rotbuch 2002 (Rotbuch Taschenbuch; Bd. 1126).

Der Drang. Ich bin das Volk. Bauerntheater. Neue Stücke 1. Hamburg: Rotbuch 1996 (Rotbuch Taschenbuch; Bd. 1032).

Der Mondscheinknecht. Roman. Frankfurt am Main: Suhrkamp 1981. Auch: Hamburg: Rotbuch 2006.

Der Mondscheinknecht. Fortsetzung. Roman. Frankfurt am Main: Suhrkamp 1983.

Frühe Stücke, frühe Prosa. Frankfurt am Main: Suhrkamp 1983 (Edition Suhrkamp; NF Bd. 172).

Furcht und Hoffnung der BRD. Das Stück, das Material, das Tagebuch. Frankfurt am Main: Suhrkamp 1984 (Edition Suhrkamp; NF Bd. 291).

Furcht und Hoffnung in Deutschland. Nicht Fisch nicht Fleisch. Der Spitzel. Stücke 3. Hamburg: Rotbuch 1997 (Rotbuch Taschenbuch; Bd. 1066).

Gesammelte Stücke. Frankfurt am Main: Suhrkamp 1975 (Suhrkamp Taschenbuch; Bd. 259). (Enthält: *Wildwechsel, Heimarbeit, Hartnäckig, Männersache, Lieber Fritz, Stallerhof, Geisterbahn, Wunschkonzert, Michis Blut, Dolomitenstadt Lienz, Oberösterreich, Maria Magdalena, Münchner Kindl*).

Haus Deutschland. Made in Deutschland. Deutschland sucht dich. Neue Stücke 3. Hamburg: Rotbuch 2004 (Rotbuch Taschenbuch; Bd. 1162).

Heimarbeit. Hartnäckig. Männersache. Drei Stücke. Frankfurt am Main: Suhrkamp 1971 (Edition Suhrkamp; Bd. 473).

Heimarbeit. Stallerhof. Geisterbahn. Kapellenspiel von der heiligen Jungfrau. Michis Blut. Stücke 2. Hamburg: Rotbuch 1996 (Rotbuch Taschenbuch; Bd. 1055).

Heimat Welt. Gedichte eines Lebendigen. Hamburg: Rotbuch 1996.

»Ich bin das Volk. Volkstümliche Szenen aus dem neuen Deutschland«. In: *Theater heute*, 10/1994. S. 44–51. Auch in: *Drucksache*, 13/14. Berlin: Berliner Ensemble 1995.

Maria Magdalena. Der Soldat. Oberösterreich. Wunschkonzert. Stücke 1. Hamburg: Rotbuch 1996 (Rotbuch Taschenbuch; Bd. 1031).

Mensch Meier. Der stramme Max. Wer durchs Laub geht ... Drei neue Stücke. Frankfurt am Main: Suhrkamp 1979 (Edition Suhrkamp; Bd. 753).

Mensch Meier. Herzliche Grüße aus Grado. Das Nest. Stücke 5. Hamburg: Rotbuch 1999 (Rotbuch Taschenbuch; Bd. 1081).

Nicaragua Tagebuch. Hamburg: Konkret Literatur Verlag 1986. Neuausgabe: Frankfurt am Main: Suhrkamp 1991 (Suhrkamp Taschenbuch; Bd. 1801).

Nicht Fisch nicht Fleisch. Verfassungsfeinde. Jumbo-Track. Drei Stücke. Frankfurt am Main: Suhrkamp 1981 (Edition Suhrkamp; NF Bd. 94).

»Nicht Fisch nicht Fleisch. Münchner Fassung«. In: *Spectaculum*, 39/1984. S. 70–129. Auch in: *Theater heute*. Hrsg. von Rudolf Rach. Frankfurt am Main: Suhrkamp 1985 (Suhrkamp Taschenbuch; Bd. 1190). S. 259–334.

Oberösterreich. Dolomitenstadt Lienz. Maria Magdalena. Münchner Kindl. Frankfurt am Main: Suhrkamp 1974 (Edition Suhrkamp; Bd. 707).

Reise ins Glück. Wunschkonzert. Weitere Aussichten ... Wien, München: Sessler 1975.

Stallerhof. Geisterbahn. Lieber Fritz. Wunschkonzert. Vier Stücke. Frankfurt am Main: Suhrkamp 1972 (Edition Suhrkamp; Bd. 586).

Stücke. Hrsg. von Wolfgang Schuch. Mit einem Nachwort von Jochen Ziller. Berlin: Henschel 1975.

Stücke. Hrsg. und mit einem Nachwort von Jochen Ziller. Berlin: Henschel 1981.

Stücke I–IV. Vier Bände. Frankfurt am Main: Suhrkamp 1989 (Suhrkamp Taschenbuch; Bd. 1677–1680).

TV-Massaker. Drücker. Tänzerinnen. Happy Meal. Neue Stücke 4. Hamburg: Rotbuch 2006 (Rotbuch Taschenbuch; Bd. 1179).

Weitere Aussichten ... Ein Lesebuch. Hrsg. von Thomas Thieringer unter Mitarbeit von Wolfgang Schuch und Jochen Ziller. Köln: Kiepenheuer & Witsch 1976. Taschenbuchausgabe unter dem Titel: *Ein Lesebuch*. Reinbek bei Hamburg: Rowohlt 1982 (rororo; Bd. 4902).

Weitere Aussichten ... Neue Texte. Hrsg. von Wolfgang Schuch und Jochen Ziller unter Mitarbeit von Thomas Thieringer. Berlin: Henschel 1976.

Wildwechsel. Wien, München: Lentz 1973.

Wildwechsel. Negerin. Männersache. Stücke 4. Hamburg: Rotbuch 1998 (Rotbuch Taschenbuch; Bd. 1080).

Woyzeck. Die Kroetz'sche Fassung. Hamburg: Rotbuch 1996 (Rotbuch Taschenbuch; Bd. 1056).

»Zu Bertolt Brechts 20. Todestag«. In: *Kürbiskern*, 1/1977. S. 91–100.

Theater

Agnes Bernauer. Mitarbeit Hans Dieter Schwarze. Uraufführung: Leipziger Theater, 8. Mai 1977. Regie: Karl Kayser.

Bauern sterben. Uraufführung: Münchner Kammerspiele, 9. Juni 1985. Regie: Franz Xaver Kroetz.

Bauerntheater. Uraufführung: Schauspiel Köln, Kammerspiele, 13. April 1991. Regie: Torsten Fischer.

Bilanz. Uraufführung: Torturmtheater Sommerhausen, 15. April 1980. Regie: Veit Relin.

Das Ende der Paarung. Uraufführung: Berliner Ensemble, 5. Februar 2000. Regie: Claus Peymann.

Das Nest. Uraufführung: Modernes Theater München, 25. August 1975. Regie: Jörg Pfafferodt.

Der Dichter als Schwein. Uraufführung: Düsseldorfer Schauspielhaus, 20. Dezember 1996. Regie: Thirza Bruncken.

Der Drang. Uraufführung: Münchner Kammerspiele, 21. Mai 1994. Regie: Franz Xaver Kroetz.

Der Nusser. Nach *Hinkemann* von Ernst Toller. Uraufführung: Residenztheater München, 15. März 1986. Regie: Franz Xaver Kroetz.

Der Soldat. Uraufführung: Theatergruppe des Kreisjugendrings München, 23. Mai 1987. Regie: Anne Ziegler-Weispfennig.

Der stramme Max. Uraufführung: Ruhrfestspiele Recklinghausen, 22. Mai 1980. Regie: Wolf Seesemann.

Der Weihnachtstod. Uraufführung: Münchner Kammerspiele, 18. Dezember 1986. Regie: Franz Xaver Kroetz.

Die Eingeborene. Uraufführung: Akademietheater, Wien, 28. Januar 1999. Regie: Achim Freyer.

Die Wahl fürs Leben. Uraufführung: Theater rechts der Isar, München, 5. Oktober 1980. Regie: Hartmut Baum.

Dolomitenstadt Lienz. Uraufführung: Kammerspiele Bochum, 28. September 1972. Regie: Wolf Münzer.

Furcht und Hoffnung der BRD. Uraufführung: Schauspielhaus Bochum (Regie: Horst Siede) und Düsseldorfer Schauspielhaus (Regie: Peter Palitzseh), 27. Januar 1984.

Geisterbahn. Uraufführung: Ateliertheater am Naschmarkt, Wien, 27. Oktober 1975. Regie: Peter Janisch.

Globales Interesse. Uraufführung: Bayerisches Staatsschauspiel, München, 25. August 1972. Regie: Walter Schmidinger.

Gute Besserung. Uraufführung: theater k, München, 29. September 1982. Regie: Wolfgang Anraths.

Heimarbeit. Hartnäckig. Uraufführung: Münchner Kammerspiele, 3. April 1971. Regie: Horst Siede.

Heimat. Uraufführung: Freiburger Theater, 27. November 1987. Regie: Carsten Bodinus.

Herzliche Grüße aus Grado. Uraufführung: Schauspielhaus Düsseldorf, 19. September 1976. Regie: Rolf Stahl.

Hilfe, ich werde geheiratet! Uraufführung: Ludwig-Thoma-Bühne Rottach-Egern, 1969.

Ich bin das Volk. Uraufführung: Wuppertaler Bühnen, 24. September 1994. Regie: Holk Freytag.

Julius Caesar. Nach Shakespeare. Uraufführung: Büchner-Theater München, 17. März 1968. Regie: Franz Xaver Kroetz.

Jumbo-Track. Uraufführung: Landestheater Tübingen, 24. April 1983. Regie: Gunter Möllmann.

Lieber Fritz. Uraufführung: Staatstheater Darmstadt, 5. September 1975. Regie: Franz Xaver Kroetz.

Männersache. Uraufführung: Staatstheater Darmstadt, 15. Januar 1972. Regie: Rolf Stahl.

Maria Magdalena. Nach Friedrich Hebbel. Uraufführung: Städtische Bühnen Heidelberg, 6. Mai 1973. Regie: Dieter Braun.

Mensch Meier. Uraufführung: Schauspielhaus Düsseldorf (Regie: Rolf Stahl), Pfalztheater Kaiserslautern (Regie: Jean-Paul Anderhub), Landestheater Tübingen (Regie: Peter Kock), 23. September 1978.

Michis Blut. Uraufführung: proT München, 14. Mai 1971. Regie: Franz Xaver Kroetz.

Münchner Kindl. Uraufführung: theater k, München, 21. Juli 1973. Regie: Kollektiv.

Nicht Fisch nicht Fleisch. Uraufführung: Schauspielhaus Düsseldorf, 31. Mai 1981. Regie: Volker Hesse.

Oberösterreich. Uraufführung: Städtische Bühnen Heidelberg, 11. Oktober 1972. Regie: Dieter Braun.

Oblomow. Nach Iwan Gontscharow. Uraufführung: Büchner-Theater München, 18. Juni 1968. Regie: Alexej Sagerer. Neufassung: Prinzregententheater, München, 5. März 1989. Regie: Franz Xaver Kroetz.

Reise ins Glück. Uraufführung: Theater am Neumarkt, Zürich, 15. Oktober 1976. Regie: Rüdiger List.

Stallerhof. Uraufführung: Deutsches Schauspielhaus, Hamburg, 24. Juni 1972. Regie: Ulrich Heising.

Sterntaler. Uraufführung: Staatstheater Braunschweig, 13. Januar 1977. Regie: Kai Braak.

Tänzerinnen + Drücker. Uraufführung: Bayerisches Staatsschauspiel, Marstall, 1. Juni 2006. Regie: Franz Xaver Kroetz.

Verfassungsfeinde. Uraufführung: Staatstheater Dresden, 9. Mai 1977. Regie: Wilfried Weschke.

Weitere Aussichten ... Uraufführung: Städtisches Theater Karl-Marx-Stadt, Juni 1975. Regie: Piet Drescher.

Wer durchs Laub geht ... Uraufführung: Marburger Schauspiel, 29. Januar 1981. Regie: Heta Mantscheff.

Wildwechsel. Uraufführung: Dortmunder Schauspielhaus, 3. Juni 1971. Regie: Manfred Neu.

Woyzeck. Von Georg Büchner. Bearbeitung. Uraufführung: Deutsches Schauspielhaus, Hamburg, 27. Oktober 1996. Regie: Franz Xaver Kroetz.

Wunschkonzert. Uraufführung: Württembergisches Staatstheater Stuttgart, 7. März 1973. Regie: Istvan Bödy.

Zeitweh. Uraufführung: Theater »Die Färbe«, Singen/Hohentwiel, 13. April 1988. Regie: Peter Simon.

Oper

Stallerhof. Libretto: Franz Xaver Kroetz; Musik: Gerd Kühr. Uraufführung: Hessisches Staatstheater Wiesbaden bei der Biennale, München, 29. Mai 1988. Regie: Jaroslav Chundela.

Hörspiele

Bilanz. Norddeutscher Rundfunk/Westdeutscher Rundfunk, 12. November 1972.

Das Nest. Bayerischer Rundfunk/RIAS Berlin, 12. April 1976.

Die Wahl fürs Leben. Westdeutscher Rundfunk, 5. September 1973.

Globales Interesse. Süddeutscher Rundfunk, 20. August 1972.

Gute Besserung. Süddeutscher Rundfunk, 5. November 1972.

Herzliche Grüße aus Grado. Hessischer Rundfunk, 1972.

Inklusive. Südwestfunk, 24. Februar 1972.

Maria Magdalena. Südwestfunk/Bayerischer Rundfunk, 14. September 1980.

Nicht Fisch nicht Fleisch. Sender Freies Berlin/Saarländischer Rundfunk/Westdeutscher Rundfunk, 20. April 1982.

Oberösterreich. Bayerischer Rundfunk/Saarländischer Rundfunk, 28. September 1973.

Reise ins Glück. Westdeutscher Rundfunk/Süddeutscher Rundfunk, 7. Oktober 1975.

Verfassungsfeinde. Rundfunk der DDR, 29. Oktober 1977.

Weitere Aussichten ... Bayerischer Rundfunk, 1975.

Wer durchs Laub geht ... Hessischer Rundfunk, 19. Juni 1978.

Filme

Wildwechsel. Film von Rainer Werner Fassbinder. 1973.

Fernsehfilme

Das Nest. Fernsehen der DDR, 30. September 1976. Zweitproduktion: Buch und Darsteller. ZDF, 10. September 1979.

Der Mensch Adam Deigl und die Obrigkeit. Nach Josef Martin Bauer. ARD, 24. September 1974.

Heimat. Buch und Regie. ARD, 23. Januar 1980.

Herzliche Grüße aus Grado. Buch und Regie. ARD, 12. Juni 1973.

... in allen Lebenslagen. Drehbuch zusammen mit Curth Flatow. 1976.

Maria Magdalena. Buch und Regie. ARD, 14. Mai 1974.

Mensch Meier. Buch, Regie, Darsteller. ARD, 28. März 1982.

Mitgift. Episode zu: *Inge Meysel ... in allen Lebenslagen.* ZDF, 17. Dezember 1976.

Muttertag. Episode zu: *Mütter. Sieben Geschichten mit Inge Meysel.* ZDF, 9. Januar 1975.

Oberösterreich. ZDF, 8. August 1973. Fernsehen der DDR, 27. Mai 1976.

Weitere Aussichten ... Buch und Regie. ARD, 18. Februar 1975.

Schallplatten

Franz Xaver Kroetz liest »Wunschkonzert«. Stuttgart: Intercord 1975 (Intercord 26 554-6 H).

Maria Magdalena. Stuttgart: Klett 1987 (Cotta's Hörbühne).

Weitere Aussichten ... Hamburg: Deutsche Grammophon 1977 (Literatur 2570012).

Literaturhinweise

1. Zu den Stücken

a) Maria Magdalena

Ausgaben

Maria Magdalena
Komödie in drei Akten frei nach Friedrich Hebbel.
Entstanden 1972.

In: *Theater heute*, 6/1973.

In: *Oberösterreich. Dolomitenstadt Lienz. Maria Magdalena. Münchner Kindl.* Frankfurt am Main: Suhrkamp 1974 (Edition Suhrkamp; Bd. 707).

In: *Gesammelte Stücke.* Frankfurt am Main: Suhrkamp 1975 (Suhrkamp Taschenbuch; Bd. 259).

In: *Stücke.* Hrsg. von Wolfgang Schuch. Mit einem Nachwort von Jochen Ziller. Berlin: Henschel 1975.

In: *Stücke aus der BRD.* Hrsg. und mit einem Nachwort versehen von Werner Liersch. Berlin: Volk und Welt 1976.

In: *Maria Magdalena. Der Soldat. Oberösterreich. Wunschkonzert. Stücke 1.* Hamburg: Rotbuch 1996 (Rotbuch Taschenbuch; Bd. 1031).

Theater Uraufführung: Städtische Bühnen Heidelberg, 6. Mai 1973. Darsteller: Maria Pichler, Sascha Scholl, Willy Schultes, Annemarie Wendl, Georg Trenkwitz, Jürg Löw, Uli Eichenberger. Regie: Dieter Braun.

Fernsehen Produktion: Hessischer Rundfunk. Erstsendung: ARD, 14. Mai 1974. Darsteller: Emanuel Schmied, Ruth Drexel, Gisela Schneeberger, Harry Baer, Hans Brenner, Karl Renar, Walter Sedlmayr, Axel Bauer. Regie: Franz Xaver Kroetz.

Hörspiel Koproduktion: Südwestfunk/Bayerischer Rundfunk. Erstsendung: SWF, 14. September 1980. Sprecher: Ossi Eckmüller, Rosemarie Fendel, Lisa Fitz, Maximilian Villinger, Jörg Hube u. a. Regie: Franz Xaver Kroetz.

Hörspiel-Kassette Stuttgart: Klett 1987 (Cotta's Hörbühne).

Zu Autor und Stück

Berg, Jan: »Friedrich Hebbel. ›Maria Magdalena‹ und die Bearbeitung von Franz Xaver Kroetz«. In: Jan Berg u. a.: *Von Lessing bis Kroetz.* Kronberg im Taunus: Scriptor 1975. S. 43–67.

Knobloch, Hans-Jörg: »Hebbel, Un-Hebbel oder Anti-Hebbel? Die Hebbel-

Bearbeitungen von Franz Xaver Kroetz«. In: *Hebbel-Jahrbuch*, 52/1997. S. 151–168.

Kurscheid, Georg: »›Maria Magdalena‹. Hebbels bürgerliches Trauerspiel in der Bearbeitung von F. X. Kroetz«. In: *Wirkendes Wort*, 6/1982. S. 405–418.

Liebenstein-Kurtz, Ruth von: *Stundenblätter Hebbel »Maria Magdalene«/ Kroetz »Maria Magdalena«*. 2. Aufl. Stuttgart: Klett 1991.

Möckel, Magret: *Erläuterungen zu Franz Xaver Kroetz. Maria Magdalena*. Hollfeld: Bange 2008.

Neuse, Erna und Ralph Ley: »The Playwright as Ideologue: Franz Xaver Kroetz ›Maria Magdalena‹«. In: *Playing for Stakes. German Language Drama in a Social Context*. Hrsg. von Anna K. Kuhn und Barbara D. Wright. Oxford u. a.: Berg 1994. S. 195–210.

Sharman, Gundula M.: *Twentieth-Century Reworkings of German Literature*. Rochester, NY u. a.: Camden House 2002. S. 45–70.

Sudau, Ralf: *Werkbearbeitung, Dichterfiguren. Traditionsaneignung am Beispiel der deutschen Gegenwartsliteratur*. Tübingen: Niemeyer 1985 (Studien zur deutschen Literatur; Bd. 82). S. 51–65.

Walsøe-Engel, Ingrid: *Fathers and Daughters. Patterns of Seduction in Tragedies by Gryphius, Lessing, Hebbel, and Kroetz*. Columbia, SC: Camden House 1993.

Wirkungsgeschichte

Buselmeier, Michael: »Vordergründig aktualisiert. ›Maria Magdalena‹, Komödie von Kroetz nach Hebbel, uraufgeführt.« In: *Deutsche Volkszeitung*, 24. Mai 1973.

Henrichs, Benjamin: »Kroetz verliert die Sprache«. In: *Süddeutsche Zeitung*, 8. Mai 1973

Hensel, Georg: »Der unterwanderte Hebbel«. In: *Theater heute*, 6/1973. S. 34f.

Jäger, Gerd: »So will ich mich net betten«. In: *Theater heute*, 4/1974. S. 32.

Kalow, Gert: »Play Hebbel«. In: *Frankfurter Allgemeine Zeitung*, 9. Mai 1973.

Niehoff, Karena: »Kleinbürger als Lemuren«. In: *Süddeutsche Zeitung*, 12. März 1974.

Rischbieter, Henning: »Kommen uns denn diese Komödien bei?« In: *Theater heute*, 6/1973. S. 33.

Schmidt, Dietmar N.: »Wenn ein Mitleidsdramatiker eine Komödie schreibt«. In: *Frankfurter Rundschau*, 10. Mai 1973.

Schultz, Uwe: »Selbstmord zum Skat. Kroetz' ›Maria Magdalena‹ in Heidelberg«. In: *Deutsche Zeitung/Christ und Welt*, 18. Mai 1973.

Thieringer, Thomas: »Bankrott im Schuhladen«. In: *Vorwärts*, 17. Mai 1973.

Wirsing, Sibylle: »Eine Materialschlacht gegen Kroetz«. In: *Frankfurter Allgemeine Zeitung*, 2. März 1974.

b) Der Soldat

Ausgaben

Der Soldat
Schauspiel in 17 Szenen.
Entstanden 1969.

In: *Frühe Prosa, frühe Stücke*. Frankfurt am Main: Suhrkamp 1983 (Edition Suhrkamp; NF Bd. 172).

In: *Maria Magdalena. Der Soldat. Oberösterreich. Wunschkonzert. Stücke 1*. Hamburg: Rotbuch 1996 (Rotbuch Taschenbuch; Bd. 1031).

Theater Uraufführung: Theatergruppe des Kreisjugendrings München, 23. Mai 1987. Regie: Anne Ziegler-Weispfennig.

Wirkungsgeschichte

Filser, Hubert: »Heimat ist da, wo man sich aufhängt«. In: *Süddeutsche Zeitung*, 4. Februar 2000.

Schödel, Helmut: »Franz Xaver Kroetz: ›Frühe Prosa, frühe Stücke‹«. In: *Die Zeit*, 11. November 1983.

c) Oberösterreich

Ausgaben

Oberösterreich
Ein Stück in drei Akten.
Entstanden 1972.

In: *Spectaculum*, 18/1973.

In: *Theater heute*, 2/1973.

In: *Oberösterreich. Dolomitenstadt Lienz. Maria Magdalena. Münchner Kindl*. Frankfurt am Main: Suhrkamp 1974 (Edition Suhrkamp; Bd. 707).

In: *Gesammelte Stücke*. Frankfurt am Main: Suhrkamp 1975 (Suhrkamp Taschenbuch; Bd. 259).

In: *Reise ins Glück. Wunschkonzert. Weitere Aussichten …* Wien, München: Sessler 1975.

In: *Stücke*. Hrsg. von Wolfgang Schuch. Mit einem Nachwort von Jochen Ziller. Berlin: Henschel 1975.

In: *Stücke aus der BRD*. Hrsg. und mit einem Nachwort versehen von Werner Liersch. Berlin: Volk und Welt 1976.

In: *Mensch Meier und andere Stücke.* Gütersloh: Bertelsmann-Club 1984.

In: *Maria Magdalena. Der Soldat. Oberösterreich. Wunschkonzert. Stücke 1.* Hamburg: Rotbuch 1996 (Rotbuch Taschenbuch; Bd. 1031).

Theater Uraufführung: Städtische Bühnen Heidelberg, Zimmertheater, 11. Oktober 1972. Darsteller: Maria Pichler, Sascha Scholl. Regie: Dieter Braun.

Fernsehen Produktion: ZDF. Erstsendung: 8. August 1973. (Aufzeichnung der Uraufführung). Zweitproduktion: Fernsehen der DDR. Erstsendung: 27. Mai 1976. Darsteller: Waltraud Kutschera, Hermann Schmidt. Regie: Peter Groeger.

Hörspiel Koproduktion: Bayerischer Rundfunk/Saarländischer Rundfunk. Erstsendung: BR, 28. September 1973. Sprecher: Ruth Drexel, Walter Schmidinger. Regie: Ulrich Heising. Zweitproduktion: Rundfunk der DDR. Erstsendung: 18. Oktober 1975. Regie: Peter Groeger.

Zu Autor und Stück

Hein, Jürgen: *Franz Xaver Kroetz: »Oberösterreich«/»Mensch Meier«.* Frankfurt am Main u. a.: Diesterweg 1986 (Grundlagen und Gedanken zum Verständnis des Dramas).

Kässens, Wend und Michael Töteberg: »Nest und Käfig. Zu der Trilogie von Franz Xaver Kroetz: ›Oberösterreich‹, ›Das Nest‹ und ›Mensch Meier‹«. In: *Spectaculum*, 30/1979. S. 287–294.

Molnár, Anna: »Die Leistung der Abtönungspartikel in einem literarischen Dialog: F. X. Kroetz: ›Oberösterreich‹«. In: *Sprache als Kognition – Sprache als Interaktion. Studien zum Grammatik-Pragmatik-Verhältnis.* Hrsg. von András Kertész. Frankfurt am Main: Lang 1995 (Metalinguistica; Bd. 1). S. 265–280.

Seifert, Walter: »Kritisches Volksstück: Franz Xaver Kroetz' ›Oberösterreich‹ und ›Das Nest‹«. In: *Handbuch der Literatur in Bayern.* Hrsg. von Albrecht Weber. Regensburg: Pustet 1987. S. 603–612.

Stillmark, Alexander: »Brief an Franz Xaver Kroetz. Zur Aufführung ›Oberösterreich‹ am Deutschen Theater Berlin (DDR)«. In: *Franz Xaver Kroetz.* Hrsg. von Otto F. Riewoldt. 2. Aufl. Frankfurt am Main: Suhrkamp 1988 (Suhrkamp Taschenbuch; Bd. 2034. Materialien). S. 213–19.

Takino, Osamu: »Franz Xaver Kroetz. ›Oberösterreich‹: vom ›Mitleid‹ zur ›Analyse‹«. In: *Doitsu-Bungaku*, 75/1985. S. 36–45.

Winter, Hans: *Literarisches Wissen und Formen produktiver literarischer Rezeption – dargestellt am Beispiel des Volksstücks der Gegenwart im Deutschunterricht weiterführender berufsbildender Schulen.* Frankfurt am Main u. a.: Lang 1985 (Europäische Hochschulschriften; Bd. 863. Reihe 1, Deutsche Sprache und Literatur). S. 61–85.

Wirkungsgeschichte

Bauer, Norbert: »Kroetzens Bundesrepublik in der DDR: irreal«. In: *Frankfurter Rundschau*, 31. Dezember 1973.

Jäger, Gerd: »Das Grauen von heute«. In: *Badische Zeitung*, 18. Oktober 1972.

Karasek, Hellmuth: »Kleiner Mann, was nun?«. In: *Die Zeit*, 1. Juni 1973.

Kerndl, Rainer: »Eine verdrehte, manipulierte Welt«. In: *Neues Deutschland*, 22. November 1973.

Lange, Mechthild: »Ein normales Leben«. In: *Frankfurter Rundschau*, 2. Juni 1973.

Niehoff, Karena: »Optimistische Tragödien mit Birkenwald«. In: *Süddeutsche Zeitung*, 2. April 1975.

Schmidt, Dietmar N.: »Die Ausnahmen und der Durchschnitt«. In: *Frankfurter Rundschau*, 17. Oktober 1972.

Thieringer, Thomas: »Vom Fluch des teuren Glücks«. In: *Vorwärts*, 19. Oktober 1972.

d) Wunschkonzert

Ausgaben

Wunschkonzert
Ein Theaterstück.
Entstanden 1971.

In: *Stallerhof. Geisterbahn. Lieber Fritz. Wunschkonzert. Vier Stücke.* Frankfurt am Main: Suhrkamp 1972 (Edition Suhrkamp; Bd. 586).

In: *Gesammelte Stücke.* Frankfurt am Main: Suhrkamp 1975 (Suhrkamp Taschenbuch; Bd. 259).

In: *Reise ins Glück. Wunschkonzert. Weitere Aussichten ...* Wien, München: Sessler 1975.

In: *Stücke.* Hrsg. von Wolfgang Schuch. Mit einem Nachwort von Jochen Ziller. Berlin: Henschel 1975.

In: *Stücke aus der BRD.* Hrsg. und mit einem Nachwort versehen von Werner Liersch. Berlin: Volk und Welt 1976.

In: *Mensch Meier und andere Stücke.* Gütersloh: Bertelsmann-Club 1984.

In: *Maria Magdalena. Der Soldat. Oberösterreich. Wunschkonzert. Stücke 1.* Hamburg: Rotbuch 1996 (Rotbuch Taschenbuch; Bd. 1031).

Theater Uraufführung: Württembergisches Staatstheater Stuttgart, Kammertheater, 7. März 1973. Darsteller: Elke Twiesselmann. Regie: Istvan Bódy.

Schallplatte: Franz Xaver Kroetz liest »Wunschkonzert«. Stuttgart: Intercord 1975 (Intercord 26 544-6 H).

Zu Autor und Stück

Ryschka, Andreas: »Woman Takes Center Stage. Three Versions of ›The Female Condition‹ on the German Theater Stage Today«. In: *Essays on Twentieth-Century German Drama and Theater*. Hrsg. von Hellmut Hal Rennert. New York u.a.: Lang 2004 (New German-American Studies; Bd. 19). S. 294–300.

Wirkungsgeschichte

Bazinger, Irene: »Fräulein ohne Wunder«. In: *Frankfurter Allgemeine Zeitung*, 10. Februar 2003.

Decker, Kerstin: »Sage mir, wie du dich umbringst«. In: *Der Tagesspiegel*, 9. Februar 2003.

Dermutz, Klaus: »Geduldsspiel«. In: *Frankfurter Rundschau*, 11. Februar 2003.

Henrichs, Benjamin: »In Ordentlichkeit sterben«. In: *Süddeutsche Zeitung*, 9. März 1973.

Höbel, Wolfgang: »Emanzipation einer Vereinsamten«. In: *Süddeutsche Zeitung*, 11. März 1987.

Irmer, Thomas: »Einsame Klasse«. In: *Theater der Zeit*, 3/2003. S. 22–23.

Jäger, Gerd: »Selbstmord?« In: *Theater heute*, 4/1973. S. 56.

Kühn, Heike: »Die Maßlosigkeit der Leere«. In: *Frankfurter Rundschau*, 23. März 1987.

Menck, Clara: »Naturalismus bis zum bitteren Ende«. In: *Frankfurter Allgemeine Zeitung*, 13. März 1973.

Michalzik, Peter: »F. X. Canonica«. In: *Frankfurter Rundschau*, 6. Dezember 1995.

Richter, Peter: »Die deutsche Single Tragödie« In: *Frankfurter Allgemeine Sonntagszeitung*, 9. Februar 2003.

Schmidt, Christopher: »Lautlos im Allerweltsraum«. In: *Süddeutsche Zeitung*, 11. Februar 2003.

Schmitz, Helmut: »Eine Frau, ein Leben, ein Autor – ein Stück?« In: *Frankfurter Rundschau*, 9. März 1973.

Schödel, Helmut: »Kroetz und Anti-Kroetz«. In: *Die Zeit*, 20. März 1987.

Schostack, Renate: »Geheimnis des Feierabends«. In: *Frankfurter Allgemeine Zeitung*, 5. Dezember 1995.

Seidler, Ulrich: »Das Hupferl ist ein Symbol«. In: *Berliner Zeitung*, 10. Februar 2003.

Thieringer, Thomas: »Die Monotonie ist das Schrecklichste«. In: *Süddeutsche Zeitung*, 5. Dezember 1995.

2. Zu Autor und Werk

a) Gespräche, Interviews, Porträts

Assheuer, Thomas: »Am Spuknapf. Kroetz im BILD«. In: *Frankfurter Rundschau*, 4. August 1989.

Becker, Peter von und Michael Merschmeier: »›Ich habe immer nur von mir geschrieben. Dem Volk hab' ich nie aufs Maul geschaut. Das Volk hat mich nie wirklich interessiert‹«. In: *Theater 1985*. Jahrbuch der Zeitschrift *Theater heute*. S. 72–87.

Carl, Rolf-Peter: »Franz Xaver Kroetz. Auf dem Weg zum neuen Klassiker?« In: *Literatur in Bayern*, 6/1986. S. 32–39.

Dössel, Christine: »Jägermeister des verlorenen Schatzes«. In: *Süddeutsche Zeitung*, 7. September 1999.

Dössel, Christine: »Kriegt's nicht raus, kriegt's nicht runter«. In: *Süddeutsche Zeitung*, 13. Februar 2006.

Dürr, Anke und Wolfgang Höbel: »Keiner hört mich schreien«. In: *Spiegel Spezial*, 11/1996. S. 7–10.

Hartig, Angelika von: »Franz Xaver Kroetz. Welch ein Drama«. In: *Cosmopolitan*, 7/1986. S. 28–33.

Hintermeier, Hannes: »Baby Immerlos«. In: *Frankfurter Allgemeine Zeitung*, 25. Februar 2006.

Kalb, Jonathan: »Kroetz in America«. In: *American Theatre*, 11/1991. S. 22–26, 55.

Kammertöns, Hanns-Bruno und Stephan Lebert: »Franz, bring dich nicht um!« In: *Die Zeit*, 8. Juni 2006.

Koch, Thilo: *Tischgespräche. Begegnungen mit Prominenten unserer Zeit*. Braunschweig: Westermann 1989. S. 145–149.

Kotteder, Franz und Christine Dössel: »›Das Dichten ist mir zugeflogen‹«. In: *Süddeutsche Zeitung*, 11. Mai 1994.

Kraft, Thomas: »Verwelkendes Ich«. In: *Freitag*, 19. April 1996.

Kriener, Manfred: »›Es ist phantastisch, für ›Bild‹ zu schreiben‹«. In: *die tageszeitung*, 16. Juni 1989.

Krug, Hans-Jürgen: »Der Moderator will Entertainer sein«. In: *epd/Kirche und Rundfunk*, 6. Juni 1992.

Kuschel, Karl-Josef: »Zweitausend Lichtjahre von Gott entfernt«. In: *Publik-Forum*, 9. Oktober 1987. Auch in: Karl-Josef Kuschel: *Ich glaube nicht, daß ich Atheist bin*. München: Piper 1992 (Serie Piper; Bd. 1561). S. 61–78.

Lache, Anette und Horst Güntheroth: »›Im Kopf musst du geil sein‹«. In: *Stern*, 27. Juli 2000.

Lölhöffel, Helmut: »Kroetz und die DKP«. In: *Süddeutsche Zeitung*, 22. März 1976.

Makowsky, Arno: »Bauerntheater und Beckett«. In: *Süddeutsche Zeitung*, 4. Juni 1992.

Mattheiss, Uwe: »Na denn: prost! Unheimliche Begegnung: Kroetz und Haider beim Bier«. In: *Süddeutsche Zeitung*, 2. Februar 2000.

Meier, Hermann: »Anwalt der Zukurzgekommenen«. In: *Bühne und Parkett*, 3/1973. S. 15.

Michaelsen, Sven: »›Ich kann nur mit Hirnwut schreiben‹«. In: *Stern*, 9. September 1999. Auszüge in: Sven Michaelsen: *Starschnitte*. Köln: DuMont 2006. S. 43–46.

Müller, André: »Franz Xaver Kroetz«. In: *Playboy*, 9/1986. S. 35–47. Auch in: André Müller: *Im Gespräch*. Reinbek bei Hamburg: Rowohlt 1989 (rororo; Bd. 12589). S. 87–105. Und in: André Müller: *... über die Fragen hinaus*. München: Deutscher Taschenbuch Verlag 1998 (dtv; Bd. 12590). S. 25–50.

Nitzke, Juliane: »›Ich bin eine Art Heintje mit literarischem Stimmbruch‹«. In: *Abendzeitung*, 2. September 1992.

Nössig, Manfred: »Kroetz und wir«. In: *Theater der Zeit*, 1/1974. S. 23f.

Reich-Ranicki, Marcel: »Der Fall Kroetz«. In: *Frankfurter Allgemeine Zeitung*, 8. Mai 1980.

Reich-Ranicki, Marcel: »Deutsche Leiden«. In: *Frankfurter Allgemeine Zeitung*, 17. Dezember 1986.

Reinhold, Ursula: »Interview mit Franz Xaver Kroetz«. In: *Weimarer Beiträge*, 5/1976. S. 47–59.

Reiter, Wolfgang: »Ich sehe keine braune Revolution, nur Verzweiflung«. In: *Der Tagesspiegel*, 3. Februar 2000.

Roeder, Anke: »Der Luxus der vollkommenen Identität: Franz Xaver Kroetz als Autor, Schauspieler und Regisseur«. In: *Forum Modernes Theater*, 1/1987. S. 55–62.

Ronner, Markus M.: »Nur noch ein Schimmer von Schimmerlos«. In: *Die Welt*, 28. Mai 1994. Auch in: Markus M. Ronner: *Nahaufnahmen*. München: edition ferenczy bei Bruckmann 1995. S. 234–239.

Ruf, Wolfgang: »Franz Xaver Kroetz, Verleger, im Gespräch«. In: *Die Deutsche Bühne*, 11/1986. S. 52–54.

Rupprecht, Annette u. a.: »Einfach irre, alles Theater«. In: *die tageszeitung*, 14. Dezember 1985.

Schablinski, Rüdiger: »Ein Autor und sein Verleger«. In: *Süddeutsche Zeitung*, 14./15. Januar 1995.

Schäfer, Andreas: »Zähmung einer wildgewordenen Sau«. In: *Berliner Zeitung*, 23. Dezember 1996.

Schindler, Sylvie-Sophie: »›Ich trage ein heißes Herz im alten Gesicht‹«. In: *Der Tagesspiegel*, 12. Oktober 2008.

Schmidt-Mühlisch, Lothar und Horst Stein: »Franz X. Kroetz: Der liebe Gott ist noch viel rücksichtsloser«. In: *Die Welt*, 5. Oktober 1987.

Schmidt-Mühlisch, Lothar und Horst Stein: »Franz X. Kroetz: Was sollte ich denn machen ohne Bayern?« In: *Die Welt*, 7. Oktober 1987.

Schmieder, Sylvia: »Schimmerlos in der Krise. Zum 45. Geburtstag von Franz Xaver Kroetz«. In: *Der Literat*, 33,2/1991. S. 6–7.

Schneider, Wolfgang: »Der Musenficker«. In: *konkret*, 1/1988. S. 46–50.

Schumacher, Ernst: »Herrlich, daß ich der erste bin!« In: *Berliner Zeitung*, 15. März 1995.

Schwennsen, Gerd-Johannes: »Die Herrschenden wollen uns nicht mehr«. In: *medium*, 2/1984. S. 28–33.

Seegers, Armgard: »Auf der Suche nach der unterdrückten Wahrheit«. In: *Hamburger Abendblatt*, 19./20. Oktober 1996.

Seidel, Hans-Dieter: »Franz Xaver Kroetz«. In: *Frankfurter Allgemeine Zeitung Magazin*, 15. Juli 1983.

Siedenberg, Sven: »Ich habe genug Kroetz inszeniert«. In: *Süddeutsche Zeitung*, 2./3. Dezember 1995.

Stadelmaier, Gerhard: »Ein Hochhuth, der durchdreht, ist wunderbar«. In: *Frankfurter Allgemeine Zeitung*, 5. Mai 1995.

Thieringer, Thomas: »Ganz groß aufziehen«. In: *Die Deutsche Bühne*, 9/1987. S. 16–19. Unter dem Titel: »Ich will ein Störfaktor sein« auch in: *Süddeutsche Zeitung*, 5. Oktober 1987.

Thieringer, Thomas: »Gehetzter moderner Mensch«. In: *Süddeutsche Zeitung*, 7. Juni 1985.

Thieringer, Thomas: »Man muss sich auf Risiken einlassen«. In: *Süddeutsche Zeitung*, 29. September 1989.

Thieringer, Thomas: »Warum immer nur Bauern und Proleten spielen? Was für Franz Xaver Kroetz die Rolle des Baby Schimmerlos in ›Kir Royal‹ bedeutet«. In: *Frankfurter Rundschau*, 20. Oktober 1986.

Völker, Klaus: »Im Mund ein Wolf«. In: *Berliner Zeitung*, 25. Februar 2006.

Wagner, Rainer: »Dumpf und stumpf«. In: *Hannoversche Allgemeine Zeitung*, 23. Juni 1995.

Weber, Mirko: »Grüß Gott, Herr Schimmerlos«. In: *Der Tagesspiegel*, 15. Februar 2006.

Weidermann, Volker: »Es zählt immer nur der nächste Satz«. In: *Frankfurter Allgemeine Sonntagszeitung*, 22. Januar 2006.

Wendt, Ernst: »Die Jedermänner der Gesellschaft«. In: *Bühne und Parkett*, 3/1973. S. 13f.

Wenner, Hildegard: »Mit dem Stammtisch argumentiert«. In: *Basler Zeitung*, 30. September 1994.

Wille, Franz: »Mit dem alltäglichen Faschismus selbstverständlich umgehen«. In: *Theater heute*, 10/1994. S. 4–8.

Winkler, Willi: »Der Dichter als Radfahrer«. In: *Die Zeit*, 30. September 1988.

Winkler, Willi: »Ich, der Kroetz«. In: *Die Zeit*, 19. Dezember 1986.

Winkler, Willi: »Putzlumpen für den Jaguar-Mann«. In: *Stern*, 5. Januar 1995.

Zahn, Ingrid: »Wer laut bellt, beißt nicht«. In: *Rheinischer Merkur/Christ und Welt*, 22. April 1988.

Zenke, Thomas: »Von der Wirklichkeit belehrt. Der Dramatiker Franz Xaver Kroetz wendet sich Brecht zu«. In: *Frankfurter Allgemeine Zeitung*, 10. Januar 1976.

Ziller, Jochen: »Standortbestimmung eines Autors«. In: *Theater der Zeit*, 1/1975. S. 53–56.

Zips, Martin: »Gefangen auf einer Insel«. In: *Süddeutsche Zeitung*, 25. Februar 2002.

b) Weiterführende Literatur

Allkemper, Alo: »Franz Xaver Kroetz«. In: *Deutsche Dramatiker des 20. Jahrhunderts*. Hrsg. von Alo Allkemper und Norbert Otto Eke. Berlin: Erich Schmidt 2000. S. 779–804.

Anonym. »Kroetz und das Fernsehen«. In: *Bühne und Parkett*, 3/1973. S. 17.

Anonym: »Kroetz will politisch werden«. In: *Bühne und Parkett*, 5/1973. S. 28.

Arnold, Heinz Ludwig, Michael Töteberg und Uli Voskamp: »Franz Xaver Kroetz«. In: *Kritisches Lexikon zur deutschsprachigen Gegenwartsliteratur – KLG. Grundwerk einschließlich 87. Nachlieferung*. Hrsg. von Heinz Ludwig Arnold. München: Edition Text + Kritik 2007.

Aust, Hugo, Peter Haida und Jürgen Hein: *Volksstück. Vom Hanswurstspiel zum sozialen Drama der Gegenwart*. München: Beck 1989. S. 325–331.

Becker, Peter von: »Die Obszönität der Wirklichkeit. Zur Erregung über Franz Xaver Kroetz«. In: *Frankfurter Rundschau*, 3. Juli 1985.

Betten, Anne: *Sprachrealismus im deutschen Drama der siebziger Jahre*. Heidelberg: Winter 1985 (Monographien zur Sprachwissenschaft; Bd. 14). S. 218–290.

Blevins, Richard W.: *Franz Xaver Kroetz: The Emergence of a Political Playwright*. New York, Bern, Frankfurt am Main: Lang 1983 (New York University Ottendorfer Series; Bd. 18).

Buchwaldt, Martin: »Von der Demaskierung des Bewusstseins zum Sprachproblemstellungskommando. Das Volksstück: Horváth – Kroetz – Schwab«. In: *Mein Drama findet nicht mehr statt*. Hrsg. von Benedikt Descourvières. Frankfurt am Main u. a.: Lang 2006. S. 95–117.

Bügner, Torsten: *Annäherungen an die Wirklichkeit. Gattung und Autoren des ›neuen Volksstücks‹*. Frankfurt am Main u. a.: Lang 1986 (Europäische Hochschulschriften; Bd. 881. Reihe 1, Deutsche Sprache und Literatur).

Burger, Harald und Peter von Matt: »Dramatischer Dialog und restringiertes Sprechen. Franz Xaver Kroetz in linguistischer und literaturwissenschaftlicher Sicht«. In: *Zeitschrift für Germanistische Linguistik*, 2/1974. S. 269–298.

Carl, Rolf-Peter: »Volkstheater als Wunschvorstellung? Über Franz Xaver Kroetz und das Volksstück«. In: *TheaterZeitSchrift*, 21/1987. S. 49–56.

Carl, Rolf-Peter: *Franz Xaver Kroetz*. München: Beck 1978 (Autorenbücher, Bd. 10).

Cocalis, Susan L.: »›Mitleid‹ and ›Engagement‹. Compassion and/or Political Commitment in the Dramatic Works of Franz Xaver Kroetz«. In: *Colloquia Germanica*, 3/1981. S. 203–219.

Decker, Craig: »›... und den Kasten zusammenhauen‹: Televisual Questions and the Dramas of Franz Xaver Kroetz«. In: *The German Quarterly*, 1/1991–1992. S. 25–34.

Decker, Craig: *Challenging social and cultural institutions: Nestroy, Horváth, Kroetz and the Volksstück*. Irvine: University of California (Diss.) 1986.

Elm, Theo: *Das soziale Drama. Von Lenz bis Kroetz*. Stuttgart: Reclam 2004 (Reclams Universal-Bibliothek, Bd. 17645).

Fleißer, Marieluise: »Alle meine Söhne. Franz Xaver Kroetz«. In: *Theater heute*, 1972. Jahressonderheft. S. 87. Auch in: *Materialien zum Leben und Schreiben der Marieluise Fleißer*. Hrsg. von Günther Rühle. Frankfurt am Main: Suhrkamp 1973 (Edition Suhrkamp; Bd. 594). S. 405–410.

Hart Nibbrig, Christiaan L.: »Das stille Reden des Unter-Sagten: Horváth und Kroetz«. In: Christiaan L. Hart Nibbrig: *Rhetorik des Schweigens. Versuch über den Schatten literarischer Rede*. Frankfurt am Main: Suhrkamp 1981 (Suhrkamp Taschenbuch; Bd. 693). S. 199–214.

Hassel, Ursula: »›My home is my castle‹. Zur Familiendarstellung in den Dramen von Franz Xaver Kroetz«. In: *Das zeitgenössische deutschsprachige Volksstück*. Hrsg. von Ursula Hassel und Herbert Herzmann. Tübingen: Stauffenburg 1992 (Stauffenburg Colloquium; Bd. 23). S. 177–192.

Hassel, Ursula: *Familie als Drama. Studien zu einer Thematik im bürgerlichen Trauerspiel, Wiener Volkstheater und kritischen Volksstück*. Bielefeld: Aisthesis 2002.

Hess-Lüttich, Ernest W. B.: »Neorealismus und sprachliche Wirklichkeit. Zur Kommunikationskritik bei Franz Xaver Kroetz«. In: *Franz Xaver Kroetz*. Hrsg. von Otto F. Riewoldt. 2. Aufl. Frankfurt am Main: Suhrkamp 1988 (Suhrkamp Taschenbuch; Bd. 2034. Materialien). S. 297–318.

Hess-Lüttich, Ernest W. B.: *Kommunikation als ästhetisches Problem. Vorlesungen zur angewandten Textwissenschaft.* Tübingen: Narr 1984. S. 137–182.

Hoffmeister, Donna L.: *The Theater of Confinement: Language and survival in the milieu plays of Marieluise Fleißer and Franz Xaver Kroetz.* Columbia, SC: Camden House 1983.

Högemann, Elvira: »Stücke über kleine Leute«. In: *Unsere Zeit,* 24. November 1972.

Ismayr, Wolfgang: *Das politische Theater in Westdeutschland.* 2. Aufl. Königstein im Taunus: Hain 1985.

Jäger, Gerd: »Dramen über Durchschnittsmenschen«. In: *Theater heute,* 10/1975. S. 6ff.

Jäger, Gerd: »Sind das denn bloß Geschichten?« In: *Theater heute,* 2/1973. S. 50–54.

Jones, Calvin N.: *Negation and Utopia. The German Volksstück from Raimund to Kroetz.* New York u. a.: Lang 1993 (Studies in modern German literature, Bd. 56).

Kafitz, Dieter: »Die Problematisierung des individualistischen Menschenbildes im deutschsprachigen Drama der Gegenwart«. In: *Basis. Jahrbuch für deutsche Gegenwartsliteratur.* Hrsg. von Reinhold Grimm und Jost Hermand. Bd. 10. Frankfurt am Main: Suhrkamp 1980 (Suhrkamp Taschenbuch; Bd. 589). S. 93–126.

Karasek, Hellmuth: »Die Sprache der Sprachlosen«. In: *Theater heute.* 1971. Jahressonderheft. S. 78f.

Karasek, Hellmuth: »Kroetz, Franz Xaver oder: Die Sprache funktioniert nicht«. In: *Theater heute.* 1972. Jahressonderheft. S. 76f.

Karpinksi, M. J.: *Towards a new aesthetic of tragedy: technology, work and unemployment in the plays of Franz Xaver Kroetz.* Sheffield. (Univ. Diss,) 2001.

Kässens, Wend: »Wer durchs Laub geht, kommt darin um. Zur Sprachbehandlung und zu einigen Motiven in den Dramen von Franz Xaver Kroetz«. In: *Franz Xaver Kroetz.* Hrsg. von Otto F. Riewoldt. 2. Aufl. Frankfurt am Main: Suhrkamp 1988 (Suhrkamp Taschenbuch; Bd. 2034. Materialien). S. 262–283.

Kegler, Lydia K.: *Fascism and the inability to love in the 20th-century Volksstück: Marieluise Fleisser, Martin Sperr and Franz Xaver Kroetz.* Columbus: Universitiy of Ohio (Diss.) 1992.

Kim, Hwa Im: »Eine dramaturgische Veränderung in den Dramen von Franz Xaver Kroetz: von der Tragödie zur Komödie«. In: *Togil-munhak,* 43,1/2002. S. 185–208.

Kormann, Eva: ›*Der täppische Prankenschlag eines einzelgängerischen Urviechs ...*‹ *Das neue kritische Volksstück – Struktur und Wirkung.* Tübingen: Narr 1990 (Mannheimer Beiträge zur Sprach- und Literaturwissenschaft; Bd. 19). S. 30–73, 264–270.

Mackenzi, N.: *A study of the developing use of the extreme in the plays of Franz Xaver Kroetz*. Glasgow: (Univ. Diss.) 1983.

Malkin, Jeanette R.: »›Think what you are saying‹: verbal politics in the early plays of Handke and Kroetz«. In: *Modern drama*, 33/1990. S. 363–379.

Malkin, Jeanette R.: *Verbal Violence in Contemporary Drama*. Cambridge u. a.: Cambridge University Press 1992. S. 104–125.

Mattson, Michelle: »Franz Xaver Kroetz: the use and abuse of the unborn child«. In: *Seminar*, 4/1993. S. 382–397.

Mattson, Michelle: *Franz Xaver Kroetz. The construction of a political aesthetic*. Oxford, Washington, DC: Berg 1996.

McGowan, Moray: »Das Objekt entdeckt seine Subjektivität. ›Innerlichkeit‹ in den neuen Kroetz-Stücken?« In: *Subjektivität, Innerlichkeit, Abkehr vom Politischen?* Hrsg. von Keith Bullivant und Hans-Joachim Althof. Bonn: Deutscher Akademischer Austauschdienst 1986 (DAAD Dokumentationen und Materialien; Bd. 6). S. 263–276.

McGowan, Moray: »Franz Xaver Kroetz«. In: *After the ›Death‹ of Literature. West German writing of the 1970s*. Hrsg. von Keith Bullivant. Oxford, New York, München: Berg 1990. S. 296–312.

McGowan, Moray: »Subject, Politics, Theatre – Reflections on Franz Xaver Kroetz«. In: *A Radical Stage. Theatre in Germany in the 1970s and 1980s*. Hrsg. von W. G. Sebald. Oxford u. a.: Berg 1988. S. 77–92.

Menz, Egon: »Bruchstücke von Komödien«. In: *Der Deutschunterricht*, 3/1984. S. 22–30.

Mišovà, Jitka: *Das sozialkritische Volksstück in der Dramatik der BRD am Beispiel von Franz Xaver Kroetz*. Prag: Univerzita Karlova 1990 (Acta Universitatis Carolinae; Bd. 109. Philologica Monographia).

Mišovà, Jitka: *Franz Xaver Kroetz. Entwicklung seines Dramenschaffens von 1968 bis 1980*. Berlin: Humboldt-Universität (Diss.) 1986.

Müller, Gerd: »Franz Xaver Kroetz«. In: *Deutsche Dichter. Leben und Werk deutschsprachiger Autoren*. Hrsg. von Gunter E. Grimm und Frank Rainer Max. Bd. 8: Gegenwart. Stuttgart: Reclam 1990 (Reclams Universal-Bibliothek; Bd. 8618). S. 548–557.

Müller, Gerd: *Das Volksstück von Raimund bis Kroetz. Die Gattung in Einzelanalysen*. München: Oldenbourg 1979. S. 132–143.

Nössig, Manfred: »Friedrich Wolf und Franz Xaver Kroetz«. In: *Theater der Zeit*, 10/1975. S. 15ff.

Panzner, Evalouise: *Franz Xaver Kroetz und seine Rezeption. Die Intentionen eines Stückeschreibers und seine Aufnahme durch die Kritik*. Stuttgart: Klett 1976.

Patterson, Michael: »Silent communication in the plays of Franz Xaver Kroetz«. In: *Schein und Widerschein. Festschrift für T. J. Casey*. Hrsg. von Eoin Bourke, Róisín Ní Néill und Michael Shields. Galway: Galway University Press 1997. S. 330–340.

Petersen, Jürgen H.: »Franz Xaver Kroetz. Von der Tragödie der Unfreiheit zum Lehrstück für Werktätige«. In: *Studien zur Dramatik in der Bundesrepublik Deutschland*. Hrsg. von Gerhard Kluge. Amsterdam: Rodopi 1983 (Amsterdamer Beiträge zur neueren Germanistik, Bd. 16). S. 291–312.

Petto, Hans-Dieter: »Paar und Kind. Zum Personal in Franz Xaver Kroetz' Dramen«. In: *Brücken schlagen ... ›weit draußen auf eigenen Füßen‹. Festschrift für Fernand Hoffmann*. Hrsg. von Joseph Kohnen. Frankfurt am Main u. a.: Lang 1994. S. 183–212.

Ralinofsky, Dagmar: *Die Gestaltung zwischenmenschlicher Beziehungen im Drama der Moderne: Tradition und Mutation*. Bern: Lang 1976.

Reinhold, Ursula: »Franz Xaver Kroetz – Dramenaufbau und Wirkungsabsicht«. In: *Weimarer Beiträge*, 5/1976. S. 60–79. Auch in: *Franz Xaver Kroetz*. Hrsg. von Otto F. Riewoldt. 2. Aufl. Frankfurt am Main: Suhrkamp 1988 (Suhrkamp Taschenbuch; Bd. 2034. Materialien). S. 229–251.

Riewoldt, Otto F. (Hrsg.): *Franz Xaver Kroetz*. 2. Aufl. Frankfurt am Main: Suhrkamp 1988 (Suhrkamp Taschenbuch; Bd. 2034. Materialien).

Riewoldt, Otto F.: »Franz Xaver Kroetz. Der lange Weg zum Volksstück«. In: *Studien zur Ästhetik des Gegenwartstheaters*. Hrsg. von Christian W. Thomsen. Heidelberg: Winter 1985 (Reihe Siegen; Bd. 58). S. 268–291.

Riewoldt, Otto F.: »Franz Xaver Kroetz: Verspätete Zustimmung«. In: Otto F. Riewoldt: *Von Zuckmayer bis Kroetz. Die Rezeption westdeutscher Theaterstücke durch Kritik und Wissenschaft in der DDR*. Berlin: Erich Schmidt 1978. S. 218–226.

Rohde, Hedwig: »Der Theatererfolg des Undramatischen«. In: *Neue Zürcher Zeitung*, 20./21. September 1975.

Rothmann, Kurt: »Franz Xaver Kroetz«. In: Kurt Rothmann: *Deutschsprachige Schriftsteller seit 1945 in Einzeldarstellungen*. Stuttgart: Reclam 1985. S. 235–240.

Rühle, Günther (Hrsg.): *Anarchie in der Regie? Theater in unserer Zeit*. Frankfurt am Main: Suhrkamp 1982 (Suhrkamp Taschenbuch; Bd. 826).

Scamardi, Teodoro: »Franz Xaver Kroetz, Martin Speer, Rainer Werner Fassbinder sulle scene italiane«. In: *Il teatro contemporaneo di lingua tedesca in Italia*. Hrsg. von Edizioni Scientifiche Italiane. Perugia: Università Perugia 2002. S. 157–218.

Scamardi, Teodoro: »Franz Xaver Kroetz: dal neodadaismo al realismo critico; modelli drammaturgici e modelli linguistici«. In: *Annali della Facoltà di Lingue e Letterature Straniere*, 6,1/1985. S. 199–225.

Schlocker, Georges: »Das Theater des Franz Xaver Kroetz oder Die erpreßte Sprachlosigkeit«. In: *Revue D'Allemagne*, 1/1979. S. 123–135.

Schregel, Ursula: *Neue deutsche Stücke im Spielplan: am Beispiel von Franz Xaver Kroetz*. Berlin: Spiess 1980.

Thiériot, Gérard: »Die Liebesszene im ›kritischen Volksstück‹ – Über die Zurücknahme eines alten Topos in den Dramen Marieluise Fleißers

(1901–1974) und Franz Xaver Kroetz' (*1947)«. In: *Germanica*, 34/2004. S. 131–143.

Thiériot, Gérard: »Franz Xaver Kroetz et le mal d'être dans la société de consommation«. In: *Germanica*, 5/1989. S. 17–27.

Thiériot, Gérard: *Franz Xaver Kroetz et le nouveau théâtre populaire*. Bern u. a.: Lang 1987 (Contacts 1/4).

Thiériot, Gérard: *Franz Xaver Kroetz et le Volksstück*. Paris-Nanterre: (Univ. Diss.) 1985.

Töteberg, Michael: »Bibliographie Franz Xaver Kroetz«. In: *Franz Xaver Kroetz*. Hrsg. von Otto F. Riewoldt. 2. Aufl. Frankfurt am Main: Suhrkamp 1988 (Suhrkamp Taschenbuch; Bd. 2034. Materialien). S. 325–373.

Töteberg, Michael: »Der Kleinbürger auf der Bühne. Die Entwicklung des Dramatikers Franz Xaver Kroetz und das realistische Volksstück«. In: *Akzente*, 2/1976. S. 165–173.

Töteberg, Michael: »Ein konservativer Autor. Familie, Kind, Technikfeindlichkeit, Heimat: traditionsgebundene Werte in den Dramen des Franz Xaver Kroetz«. In: *Franz Xaver Kroetz*. Hrsg. von Otto F. Riewoldt. 2. Aufl. Frankfurt am Main: Suhrkamp 1988 (Suhrkamp Taschenbuch; Bd. 2034. Materialien). S. 284–296.

Usmiani, Renate: *The Theatre of frustration. Super realism in the dramatic work of F. X. Kroetz and Michel Tremblay*. New York, London: Garland 1990.

Walther, Ingeborg C.: *The theatre of Franz Xaver Kroetz*. New York u. a.: Lang 1990 (Studies in modern German literature; Bd. 40).

Wendt, Ernst: »Kroetz, ein Realist«. In: Ernst Wendt: *Wie es euch gefällt geht nicht mehr. Meine Lehrstücke und Endspiele*. München, Wien: Hanser 1985 (Edition Akzente). S. 185–189.

Wessels, Peter: »Dialog im Drama ohne Dialog. Zur Situation des deutschen Dramas in den 70er Jahren.« In: *Duitse kroniek*, 36/1986. S. 40–72.

Ziller, Jochen: »Nachwort«. In: Franz Xaver Kroetz: *Stücke*. Hrsg. von Wolfgang Schuch. Berlin: Henschel 1975. S. 231–236.

INHALT

Maria Magdalena 5
Der Soldat 65
Oberösterreich 89
Wunschkonzert 123

ANHANG

Wort- und Sacherläuterungen 136
Nachwort 145
Zeittafel 150
Werkverzeichnis 154
Literaturhinweise 160
1. Zu den Stücken 160
2. Zu Autor und Werk 166

Das Werk von
FRANZ XAVER KROETZ
bei Rotbuch

Bauern sterben
Der Weihnachtstod.
Weitere Aussichten …
Stücke 6
160 Seiten
€ 8,60 | Sfr 16,50
ISBN 978-3-434-54504-0

Der Mondscheinknecht
178 Seiten
€ 14,90 | Sfr 27,50
ISBN 978-3-434-54536-1

Heimat Welt
Gedichte eines Lebendigen
130 Seiten
€ 16,50 | Sfr 29,90
ISBN 978-3-88022-496-4

Blut & Bier
15 ungewaschene Stories
Erzählungen
160 Seiten
€ 16,90 | Sfr 30,90
ISBN 978-3-434-53144-9

Furcht und Hoffnung in Deutschland
Nicht Fisch nicht Fleisch.
Der Spitzel
Stücke 3
192 Seiten
€ 9,70 | Sfr 18,50
ISBN 978-3-434-54532-3

Maria Magdalena
Der Soldat. Oberösterreich.
Wunschkonzert
Stücke 1
176 Seiten
€ 9,90 | Sfr 18,90
ISBN 978-3-86789-056-4

Das Ende der Paarung
Die Trauerwütigen.
Die Eingeborene
Neue Stücke 2
152 Seiten
€ 8,90 | Sfr 16,90
ISBN 978-3-434-54505-7

Haus Deutschland
Made in Deutschland.
Deutschland sucht dich
Neue Stücke 3
88 Seiten
€ 9,90 | Sfr 18,90
ISBN 978-3-434-54519-4

TV-Massaker
Drücker. Tänzerinnen.
Happy Meal
Neue Stücke 4
80 Seiten
€ 8,90 | Sfr 16,90
ISBN 978-3-434-54531-6

Der Drang
Ich bin das Volk. Bauerntheater
Neue Stücke 1
192 Seiten
€ 9,70 | Sfr 18,50
ISBN 978-3-88022-400-1

Heimarbeit
Stallerhof. Geisterbahn.
Kapellenspiel von der heiligen Jungfrau. Michis Blut
Stücke 2
136 Seiten
€ 7,60 | Sfr 14,50
ISBN 978-3-434-54533-0

Georg Büchner
Woyzeck
Die Krotz'sche Fassung
80 Seiten
€ 6,60 | Sfr 12,20
ISBN 978-3-88022-429-2